CB134599

Ratinhos Brancos

Ratinhos Brancos

Pelo espírito

Augustus Ciprus

Psicografia de

Laszlo Josef Matrai

Lúmen Editorial

Ratinhos brancos
pelo espírito Augustus Ciprus
psicografia de Laszlo Josef Matrai

1ª edição – setembro de 2011

Direção editorial: *Celso Maiellari*
Assistente editorial: *Fernanda Rizzo Sanchez*
Revisão: *Mary Ferrarini*
Projeto gráfico e arte da capa: *Ricardo Brito / Designdolivro.com*
Imagens da capa: *Eliandric e Selimaksan / iStockphoto.com*
Impressão e acabamento: *Orgrafic Gráfica*

Dados Internacionais de Catalogação na Publicação (CIP)
(Câmara Brasileira do Livro, SP, Brasil)

Ciprus, Augustus (Espírito).
Ratinhos brancos / pelo espírito Augustus Ciprus ; psicografia de Laszlo Josef Matrai. – São Paulo : Lúmen Editorial, 2011.

ISBN 978-85-7813-049-7

1. Espiritismo 2. Psicografia 3. Romance espírita
I. Matrai, Laszlo Josef. II. Título.

11-08612 CDD-133.9

Índice para catálogo sistemático:
1. Romance espírita : Espiritismo 133.9

LÚMEN EDITORIAL

Rua Javari, 668
São Paulo – SP
CEP 03112-100
Tel./Fax (0xx11) 3207-1353

visite nosso site: www.lumeneditorial.com.br
fale com a Lúmen: atendimento@lumeneditorial.com.br
departamento de vendas: comercial@lumeneditorial.com.br
contato editorial: editorial@lumeneditorial.com.br
siga-nos no twitter: @lumeneditorial

Impresso no Brasil – *Printed in Brazil*

Naquela hora chegaram-se a Jesus os discípulos e perguntaram:

"Quem é o maior no reino dos céus?"

Jesus, chamando uma criança, colocou-a no meio deles e disse:

"Em verdade vos digo que se não vos converterdes e não vos fizerdes como crianças, de modo algum entrareis no reino dos céus.

Portanto, quem se tornar humilde como esta criança, esse é o maior no reino dos céus.

E qualquer que receber em meu nome uma criança tal como esta, a mim me recebe."

MATEUS, XVIII - V. 1 A 5

Sumário

PARTE 2

Agradecimentos

A Deus, pois por seu amor existo e sei que posso ser feliz com tudo o que Ele me oferece.

A meus guias, mentores e amigos espirituais, por todo o esforço abnegado que têm realizado em favor de minha evolução.

A minha família, pelo amor, respeito e apoio que sempre recebi.

A minha amada esposa e companheira Karen, que sempre me amou, dedicou-me seu carinho e compreensão, apoiou-me incondicionalmente e muito auxiliou na realização desta obra, da qual fui mero instrumento.

Aos autores espirituais, que demonstraram extrema paciência com minhas fraquezas, desvelando interesse e amor.

Ao Dimitri, à Beatriz e à Claudete, cuja amorosa disposição na análise crítica e sincera desta obra foi decisiva para sua concretização.

Comentários

Em agosto de 2009, percebi intensa aproximação de irmãos da espiritualidade aos quais não estava familiarizado, mas que, no entanto, causaram-me profunda sensação de paz e bem-estar. Nessa oportunidade, um espírito muito amigo, companheiro de longos e distantes séculos de jornada, comunicou-me que eu receberia um presente.

Questionado a respeito por minha esposa, Karen, ele me esclareceu se tratar da transcrição de um romance espírita.

Surpreendi-me, mas, como aprendi que a melhor maneira de conduzir minha relação com meus mentores e guias é seguir-lhes a orientação, evidentemente submetendo essas orientações ao crivo da razão, decidi não interpor obstáculos e me dispus ao trabalho proposto.

Devo confessar que minhas expectativas a respeito eram pequenas, pois sempre considerei, e ainda tenho essa impressão, que em matéria de mediunidade ainda tenho muito a aprender.

Entretanto, Deus, em sua infinita misericórdia, permitiu que fôssemos brindados com um trabalho que, apesar das adversidades inerentes à minha pessoa, mostrou-se com um texto riquíssimo em detalhes. Uma história que me proporcionou imensurável prazer e cujas nuances ainda prometem.

Confesso, também, ter tido minha atenção chamada, diversas vezes, por amigos e familiares, pelo fato de que eu subestimava minha sensibilidade mediúnica; mas, infelizmente, minha opinião continua inalterada, pois acredito que esta obra existe não por mim, mas pela causa espírita.

Como pude constatar, é verdadeira a orientação de que, por menores que sejam ou que consideremos nossas possibilidades como servidores da espiritualidade e do amor de nosso Criador, basta que efetivamente nos apresentemos disponíveis, que nos escudemos nas lições do Evangelho, na prece e vigília constantes e no estudo sistemático da codificação, para que consigamos dar alguma contribuição ao movimento Espírita Cristão.

Augustus Ciprus, neste livro, descreve-nos os dramas da família de Petrus, vividos no decorrer das duas guerras que mais marcaram a humanidade em sua história recente, ocasião em que ele mesmo foi o mentor espiritual de Petrus Viert.

Muitos aprendizados relacionados à Lei de Causa e Efeito a que estamos sujeitos no uso de nosso livre-arbítrio nos mostram que nem sempre tomar as decisões corretas é tão difícil como pensamos, basta que superemos as exigências e imposições do "eu".

A história aqui descrita nos introduz às atividades de Gustavo e Henrique, duas "crianças" em plena atividade socorrista no plano espiritual, que nos fornecem notícias de como iniciaram tais atividades. Esperamos, ansiosamente, a prometida continuação de seus relatos.

Tivemos o prazer de receber em nosso lar a visita desses dois pequeninos "ratinhos brancos" em diversas ocasiões, o que faziam regularmente muito antes das presenças indefiníveis que vivêramos em agosto de 2009.

Meu sincero desejo é de que esta obra leve aos irmãos e irmãs que a lerem material suficiente para a reflexão, pois a mim me levou a buscar mais intensa e ativamente novas transformações íntimas, especialmente no campo referente ao preconceito como espírita atuante.

A todos as bênçãos do viver em Cristo!

LASZLO JOSEF MATRAI
TAUBATÉ, 12 DE JULHO DE 2010.

PARTE 1

A FAMÍLIA VIERT

Chamam-me de Augustus. Adotei este nome porque assim era conhecido em uma encarnação das mais felizes e bem-sucedidas que vivi na Roma dos Césares.

Descreverei a história de Petrus Viert, nome evidentemente fictício, pois seus descendentes são numerosos e sua vida ainda vibra na memória dos mais velhos da família, na velha Europa.

Torna-se necessário conhecermos sua trajetória na Terra, naqueles tempos, para compreendermos como começaram as atividades de dois preciosos "meninos" no plano espiritual, cuja atuação tem seu foco quase que exclusivamente em nossos irmãos e irmãs que desencarnam ainda na infância, ou dos que se prendem voluntariamente a essa condição infantil, na maioria das vezes, de forma inconsciente, apesar de não ser regra geral.

Situamo-nos no início da Primeira Guerra Mundial, no nordeste da França, próximos da fronteira com a Bélgica. Uma região bucólica, com vales suaves, clima temperado e agradável na maior parte do ano, pessoas amistosas, tranquilas e felizes.

Em uma propriedade rural de singular beleza, presente de casamento de seu avô, Petrus vivia com sua esposa, Liandra Viert.

A sede possuía um riquíssimo solar com mais de vinte quartos, ampla biblioteca e um vasto salão para festas e recepções, ricamente decorado, mas quase nunca usado. Todo o solar tinha amplas e altas janelas, no melhor estilo centro-europeu, e era todo rodeado de um formoso jardim, sendo que o acesso à porta de entrada se dava por uma curta alameda de uns quinze metros, ladeada por belíssimos caramanchões floridos, seguida de uma escada em mármore bruto de doze degraus, encimada por um pórtico amplo com belíssimas colunas gregas a lhe sustentar o elevado telhado da varanda, onde algumas espreguiçadeiras e cadeiras de descanso estavam quase displicentemente dispostas entre pequenos vasos floridos e algumas mesinhas de chá.

Toda a propriedade ficava em um extenso vale circundado por morros de pastagem ovina, não muito altos, e ao lado da sede corria um pequeno riacho de um metro e pouco de largura, muito bonito, de fundo pedregoso, águas frias e límpidas.

Petrus Viert era médico, tinha 38 anos de idade, porte robusto, quase dois metros de altura, ossos fortes e harmoniosos, olhos claros e penetrantes, ora acusadores, ora inquisidores, mas geralmente dotados de gentileza, vivacidade e franqueza. Quem neles se fixava percebia ser quase impossível não se sentir constrangido ou profundamente intrigado, tamanha grandiosidade que transmitiam. Seus cabelos castanho-avermelhados, abundantes e rebeldes, pareciam refletir a intensidade de sua mente.

Era um homem bastante rigoroso, sagaz, muito rígido, ríspido, às vezes bruto com as palavras e pouco dado a manifestações sociais. Orgulhoso, tinha enorme dificuldade no trato com os sentimentos; mas, devido à sua postura e apurado senso de justiça e honra, era admirado por todos, especialmente por aqueles que o serviam, jamais destratados ou injustiçados nas questões que eventualmente surgiam no dia a dia da propriedade Viert.

Filho mais velho de uma família de origem alemã, nasceu na Áustria, onde seu pai era um próspero comerciante intermediador. Sua mãe desencarnara quando dera à luz seu único irmão, Thomas Viert, devido a complicações no parto difícil e, especialmente, por ter uma saúde frágil, corpo franzino e delicado. Petrus formara-se em Medicina contra a vontade de seu pai, que desejava que seu filho mais velho seguisse seus passos nos negócios. Entretanto, por ocasião do óbito da esposa, Half Viert jurou a ela, em seu leito de morte, que permitiria ao filho estudar Medicina, cujo interesse demonstrava desde tenra idade.

Logo após a formatura de Petrus, seu pai o procurou e disse-lhe que, uma vez cumprida sua promessa à esposa, era hora de ele esquecer de vez "aquelas bobagens de Medicina" e assumir os negócios da família, pois sendo ele o varão era seu dever fazê-lo.

Foi inevitável a discussão que se seguira. De uma parte, Petrus indignado com a incompreensão de seu pai em relação a seus ideais; e de outra, seu pai se sentindo traído pelo filho que não demonstrava o menor interesse naquilo que, para ele, era a razão de viver. Ambos se exaltaram quase a ponto da agressão física e, apesar de meus numerosos esforços em conter-lhes os impulsos, num rompante em que o orgulho ferido de ambos, sempre o pior dos conselheiros, guiava-lhes os pensamentos e ações, Petrus deixou a casa paterna e seguiu para o solar do avô, na França, fixando residência e passando a exercer a Medicina.

Médico dedicado e de extrema competência, especialmente nos casos cirúrgicos, não demorou a obter fama, pois, na região em que residia com o avô, a maioria das propriedades era de famílias abastadas e nobres, muito influentes no governo, e que para lá se dirigiam durante o verão e a primavera.

Rapidamente passou a ser conhecido e respeitado em toda a comunidade nobre da França daquela época; entretanto, trabalhava como médico de campanha desde que a Primeira Guerra Mundial teve início.

Graças à sua extrema habilidade cirúrgica, sua elevada condição social e a tremenda influência que sua vigorosa personalidade exercia sobre todos, tudo isso aliado ao seu caráter, conhecido como de absoluta retidão e incorruptível, foi patenteado no Exército como coronel e chefe-geral do corpo médico de campanha. Com essa posição, ele poderia renunciar ao exercício da Medicina em campo, mas sua consciência e senso de dever jamais lhe permitiram tal pensamento.

Em uma das propriedades das redondezas, atendendo a um convite para um baile de debutante, onde ele só compareceu pela insistência do avô, conheceu Liandra, sua futura esposa, então com quinze anos, sendo justamente ela a jovem a debutar.

A princípio, não mais faziam que trocar olhares furtivos. Mas, com o passar das horas, a atração entre os dois aumentou incoercivelmente. Foi Petrus, após ter se informado a respeito daquela formosa jovem, que precoce, como sempre foi, aparentava ter mais de dezoito anos de idade, que tomou a iniciativa.

Superando o espanto inicial com sua pouca idade, que contrastava com sua aparência, rompendo qualquer pudor que pudesse ter a esse respeito e movido pela crescente paixão que parecia fazer com que seu coração fosse sair do peito, aproximou-se daquela encantadora jovem e a convidou para uma dança.

Liandra estava acompanhada da mãe, a condessa Rilieu, viúva rica e mulher determinada, que em seus gestos denunciava ser uma pessoa de caráter forte e dona de seu destino. A essa altura, já estava a par de quem era Petrus, pois notara a forte impressão que cada qual causara no outro, assim não perdera tempo em se informar.

De certa forma, divertindo-se com os fatos, permitiu que sua filha fosse cortejada para uma dança por aquele jovem senhor tão impressionante em seus gestos e postura. Fato que não passou despercebido para muitos dos jovens senhores ali presentes, cujos intentos nesse sentido haviam sido, até aquele momento, frustrados pela imponente senhora que, celeremente se postava entre estes e sua filha, permitindo-lhe dançar apenas com os senhores que, a seu ver, não representavam nenhum perigo.

Imediatamente, os sentimentos de ambos tomaram um vulto quase inexplicável.

Reencontravam-se ali duas criaturas, Petrus e Liandra, que vinham, por meio dos tempos, em variadas encarnações, amando-se da forma mais intensa que um amor pode ser vivido entre duas pessoas.

Na primeira valsa que bailaram, tiveram a impressão de que nada e ninguém mais pareciam existir, além deles próprios. De olhares fixos um no outro, discretos sorrisos estampados em seus rostos, seguiram dançando a música magistralmente executada pela pequena orquestra contratada pela anfitriã.

Os românticos acordes penetravam-lhes os corações e almas, intensificando ainda mais os sentimentos que lhes ferviam à flor da pele.

Terminada a primeira valsa, quase sem intervalo, iniciou-se a execução da valsa seguinte: uma bela e tocante peça vienense, cujos detalhes convidavam os casais dançantes a movimentos mais sutis e elaborados, exigindo-lhes uma prova de maestria na dança e propiciando maior proximidade. O casal maravilhava-se um com o outro, o que intensificou a quase incontrolável atração entre eles.

Terminada a peça, a orquestra se entregou a uma pausa natural em sua programação, momento em que Petrus pôde notar uma discreta lágrima evidenciar-se nos cantos dos olhos de Liandra. Como um sorriso se estampava em seu rosto, Petrus de pronto compreendeu que aquela que lhe conquistara o coração vivia os mesmos sentimentos que o dominavam.

Gentilmente, sempre a fitar-lhe nos olhos, Petrus a conduziu ao alpendre que margeava todo o salão, e lá os dois permaneceram por longos e intermináveis minutos em silêncio. Ele, retendo uma das mãos de Liandra entre as suas, fitava-a com indescritível ternura.

Lutando para reordenar os pensamentos, Petrus quebrou o silêncio:

- Como poderei traduzir em palavras tudo o que me vai na alma e no coração?

- Não se preocupe em fazê-lo. Estou segura de que tudo o que perturba tão docemente sua alma e seu coração são os mesmos sentimentos que me dominam e me fazem julgar que estou vivendo um sonho! Rezo para que não me acordem jamais!

– Minha doce Liandra! Peço que me perdoe a ousadia e o atrevimento, mas se as almas gêmeas existem e, se entre estas uma pode ser a de um anjo, estou certo de que terei de me elevar ao paraíso.

Diante do elogio, Liandra ruborizou-se intensamente, seus olhos brilharam rasos d'água e sua respiração falhou ao ouvir a declaração de Petrus:

– Sei que é para mim destinada. Mesmo a tendo conhecido há poucos momentos, tem desde sempre cativos minha alma e meu coração. Renasço para a vida, minha querida Liandra, não sei como nem por que, mas a amo com toda a alma e a quero comigo até o último de meus dias...

Este diálogo entre os dois não passou despercebido. Furtiva e ocultamente, a mãe de Liandra posicionara-se oculta por detrás de um ornamento do alpendre, de modo que podia ver e ouvir sem ser notada.

Admirou-se ao notar que, apesar do braseiro sentimental que os envolvia, a proximidade e a ardente paixão que favoreciam um beijo, o jovem doutor conteve-se e, respeitosamente, conduziu-a ao salão, pois a orquestra já ensaiava os primeiros acordes de mais uma sessão de valsas; todas elas encantadoramente dançadas pelo casal que, àquela altura, já denunciara a todos os presentes que ali nascia um grande amor. Todos se encantaram, foi um baile que permaneceu na memória dos presentes por muitos e muitos anos.

No dia imediato, o jovem Petrus já estava diante da mãe de Liandra.

- Condessa Rilieu, não tomarei seu tempo com frivolidades, mesmo porque a seriedade do momento não me permite divagações. Vim aqui lhe rogar que me permita cortejar sua filha, Liandra. Asseguro-lhe que o faço com o mais nobre sentimento que possa mover um homem, e que pretendo desposá-la...

- Ora, doutor Viert! - exclamou a condessa, interrompendo-o com um sorriso enigmático estampado no rosto e empertigando o corpo, como se fosse possível dar a sua figura mais imponência do que já inspirava. E continuou: - Muito me admira seu atrevimento. Sinceramente, não o esperava tão cedo, menos ainda que viesse com tal resolução apenas um dia depois de conhecer minha filha.

- Asseguro-lhe, senhora condessa, não sei como é possível, mas tenho por sua filha o mais puro e sincero amor, que de tão intenso me faz sofrer a cada minuto que me encontro distante dela e, ao mesmo tempo, deixa-me feliz a cada momento por saber de sua existência.

- Não será apenas uma tola paixão o que sente por minha filha, doutor?

- Asseguro-lhe, senhora condessa, não há neste mundo amor tão puro e casto quanto o meu por ela; amor este tão puro que não pude ousar tocar os lábios de minha amada Liandra quando um momento me ofereceu a oportunidade.

A senhora, acompanhada de alguns amigos, foi imediatamente afiançada por estes quanto ao caráter do jovem Petrus, considerado um homem íntegro e correto, que jamais demonstrara interesse por nenhuma das moças do lugar, e que agora estava se declarando por sua filha. Por tudo isso, ele deveria ser levado a sério em suas intenções.

A condessa, com a tez erguida, ouviu impassível os argumentos apresentados, fitando fixamente os olhos de Petrus. O silêncio dominou o ambiente, enquanto ela perscrutava com o olhar aquele homem formoso que em momento algum desviou seus olhos dos dela.

- Meu caro doutor Viert, aprendi muitas lições em minha vida, duras lições - afirmou séria e com gravidade -, e uma delas foi a de reconhecer o amor verdadeiro quando este se apresenta. - Após pequena pausa proposital, ajuntou exibindo franco sorriso: - Posso lhe garantir que jamais, em minha vida, testemunhei amor tão intenso quanto o que vi e vejo em seus olhos e nos de minha filha. Vocês têm a minha bênção!

Liandra, que a tudo observava, oculta aos olhos de todos, quase não se continha, tanto pela felicidade de ter encontrado o amor quanto pela expectativa de como sua mãe reagiria. E chorou o mais discretamente que pôde ao ter seus secretos anseios atendidos por ela.

Petrus, por sua vez, exultou e, repetidas vezes, beijou respeitosamente as mãos de sua futura sogra.

Em pouco tempo, realizou-se, na catedral parisiense, o enlace entre Petrus e Liandra, seguido de um dos bailes nupciais mais concorridos de Paris, onde a boa reputação de Petrus na sociedade francesa tomou maior impulso, ganhando ele e sua bela e jovem esposa a simpatia das mais altas autoridades e componentes da sociedade francesa.

A GUERRA E A BATALHA

Retornando aos tempos a que nos referimos no início, Liandra Viert conta agora com 28 anos de idade. Mulher de rara beleza, cujo porte elegante denunciava sua origem nobre, possuía longos e cacheados cabelos louro-escuros com um intenso brilho dourado quando expostos ao sol; seus olhos claros e cheios de vida transbordavam alegria; corpo esguio, era quase tão alta quanto o marido.

Sempre se portava com absoluta dignidade e extremo carinho e consideração com todos, jamais depreciando nenhuma pessoa com que se relacionasse, fosse qual fosse a circunstância. Era muito querida pelos criados, que eram por ela sempre bem assistidos em suas dificuldades e necessidades.

Nesses treze anos de feliz união, uma sombra pairava sobre o casal: o fato de eles não terem filhos, apesar de ambos os desejarem.

Tinham pouco contato com suas famílias, uma vez que Petrus ainda não se reconciliara com seu pai, e apenas mantinha, por meio de cartas, certo contato com o irmão. Seu avô falecera de causas naturais havia alguns anos, e a condessa Rilieu, mãe de Liandra, conhecera um rico dignitário moscovita com quem contraíra matrimônio, indo residir definitivamente em Moscou, e também vindo a desencarnar alguns anos depois.

Os fatos a seguir principiaram em uma das mais belas primaveras da região, no segundo ano da terrível Primeira Guerra Mundial, que devastava a Europa.

Petrus estava em um hospital de campanha socorrendo e operando os feridos da guerra, enquanto Liandra permanecera na residência do casal.

Eventualmente, ele ia para o seu lar reencontrá-la, uma vez que estava a apenas dois dias de distância de onde eles moravam.

Houve uma época em que do hospital de campanha se podia ouvir o rugido da guerra e, à noite, a pouca distância, viam-se clarões no céu decorrentes do combate.

A Primeira Guerra Mundial foi uma batalha extremamente triste, pois, como não existiam os recursos tecnológicos que existem hoje, milhões de criaturas morreram nos cruéis e covardes combates homem a homem, olho no olho, e os soldados, muitas vezes, cheios de pavor, só tinham duas opções: matar ou morrer.

Quantas vezes esses soldados, ao terem seus olhares cruzados, hesitaram na terrível tarefa que lhes fora designada! O cumprimento desse dever cruel é sempre difícil quando se vê os olhos daquele a quem se chama de inimigo, mas que você nunca conheceu e não tem motivo para odiar nem para desejar a morte.

O doutor Viert, preocupado com a segurança da esposa, assim que foi convocado para os campos de batalha, mandou um mensageiro à procura de seu irmão mais novo, Thomas, pedindo-lhe que fosse à propriedade para representá-lo em seus interesses comerciais e proteger sua esposa.

Thomas era alguns anos mais jovem que Petrus, porém possuía uma aparência madura, assim como o irmão. E, apesar de não serem muito parecidos, quando estavam distantes um do outro era difícil definir as diferenças fisionômicas.

O mesmo olhar, o mesmo porte físico e tantas outras semelhanças, porém com traços diversos. Talvez a diferença mais marcante fosse a espontaneidade de Thomas em contraste com o irmão, bem mais sisudo e compenetrado. Exibia, quase sempre, um sorriso suave e gentil, que lhe conferia um ar simpático e franco, além de ser um conquistador e galanteador incorrigível, que se divertia com o assédio das moças que sonhavam em desposá-lo, mas, diferentemente do que se suporia nesses casos, ele jamais ousara ultrapassar determinados limites que separavam a conduta reta e honrada da conduta cheia de desvios e abusos.

Batalha dos corações

Algumas semanas depois, uma carruagem chegou à propriedade dos Viert. Luís, o capataz, apressou-se para receber o visitante e providenciar para que sua bagagem fosse retirada do coche.

Neste momento, fui avisado mentalmente por Gabriel, o "anjo de guarda" de Liandra, de que Thomas chegava ao solar, e volitei imediatamente para lá.

Estava, então, iniciando-se um ciclo crítico de provas para os nossos tutelados espirituais.

Lá chegando, encontrei Gabriel na companhia de Eudora, o "anjo" de Thomas. Aliás, nenhum de nós três, e a maioria dos responsáveis por acompanhar experiências reencarnatórias de irmãos e irmãs, apreciava o título de "anjo da guarda", pois nada somos além de pessoas normais, apenas destituídas de veículo físico. Preferimos a denominação de tutores.

Rápida e cordialmente, cumprimentei-os e comentei, com o intuito de reforçar as orientações que recebêramos de nossos maiores:

- Não nos esqueçamos de que, por ora, devemos conter nossos impulsos e observar os fatos sem interferir.

O visitante, ao descer da carruagem, sorridente, com um forte sotaque alemão e o francês um tanto sofrível, mas com muita espontaneidade, apresentou-se a Luís:

- Boa tarde, sou Thomas Viert, vim a pedido de meu irmão, Petrus! - estendeu a mão a Luís para cumprimentá-lo.

- Boa tarde, meu senhor. Seja bem-vindo ao solar Viert - respondeu Luís, constrangido com o cumprimento de mãos, pois jamais alguém daquela posição o cumprimentara antes com tamanha cordialidade, exceto seu próprio patrão.

- Sou Luís, o capataz, a seu serviço, meu senhor. Permita-me, por favor, conduzi-lo à minha senhora.

Amplo sorriso dominou o rosto de Thomas. Ele percebeu a reação de Luís ao seu cumprimento e, fitando-o nos olhos sem interromper o cumprimento de mãos, colocou sua outra mão sobre o ombro do capataz e comentou:

- Isso mesmo, meu bom Luís, leve-me até sua patroa! Estou ansioso por finalmente conhecer minha cunhada.

Liandra, avisada por uma empregada, alcançou a varanda no exato instante em que Thomas expressara seu desejo de conhecê-la. Deteve-se no topo da escadaria de acesso e, quando os dois cruzaram os olhares, ficaram petrificados, sem ação por alguns segundos. Reconheceram-se instantaneamente, mesmo sem jamais terem se encontrado nessa encarnação.

O coração deles bateu fortemente. Liandra e Thomas foram tomados, subitamente, por sentimentos muito parecidos com os que envolveram Liandra e Petrus quando ambos se conheceram.

Imediatamente, exortei Eudora e Gabriel à ação:

– Não devemos interferir, mas nada nos impede de orar por eles.

Assim, mentalmente, colocamo-nos em prece e dirigimo-nos ao nosso Mestre Jesus, rogando calma e sensatez aos nossos tutelados.

Ressurgia, nesse momento, uma paixão, agora proibida, que os dois guardariam para si mesmos.

Observamos nitidamente o "fogo da paixão", termo poético mais a propósito do que se pode supor. A aura deles foi tomada por intenso fluxo de energias, provenientes do centro genésico de cada um, que se ligou instantaneamente a uma poderosa e vigorosa corrente de energias telúricas e espirituais, num vermelho puro e brilhante, que foi se intensificando e irradiando por quase toda a metade inferior da aura deles com impressionante semelhança, detendo-se no ponto conhecido como plexo solar, o que lhes causou a sensação de "frio no estômago".

Essa energia genésica os envolveu por completo, pela frente e por trás do plexo solar, chegando até os pés. Finos fios vermelhos de pura energia genésica irradiaram-se do plexo solar ao cardíaco, provocando-lhes palpitação.

Tal ligação teve reflexos imediatos no plexo cardíaco, que passou a emitir forte coloração que variava, em pulsos, do alaranjado ao esmeralda, passando por um rosado vibrante e suave. O plexo coronário, na sua "coroa externa", emitia tons fortes e vibrantes de violeta. E do Alto, absorvido pela coroa interna, jorrava um fluxo de energias de um branco puríssimo, com nuances em forma de pétalas douradas.

Tal coloração era consequência do profundo e antigo amor que os dois sentiam um pelo outro. Se o que os unia fossem simplesmente as viciações energéticas e mentais da prática do sexo desregrado, as cores seriam toscas, deprimentes e agressivas, e se concentrariam na metade superior da aura. O plexo coronário estaria quase bloqueado, impedindo a ligação com o Alto, que se estabelecera com algum concurso de nossas preces.

Todo esse espetáculo, quase pirotécnico, de uma beleza indescritível e emocionante, já era conhecido por nós. Mesmo assim, não conseguimos disfarçar a emoção que nos envolveu. Tais fatos são visíveis apenas no plano espiritual, quando duas pessoas que se amam se reencontram após o esquecimento do passado por meio da reencarnação.

O capataz nada percebera do que se passava entre os dois, pois se para Luís poucos segundos decorreram, para Thomas e Liandra foi como se toda uma vida surgisse diante deles: uma vida de sentimentos sem fatos, sem rostos e sem histórias.

Recobrando a compostura, ela tomou a palavra. Com um sorriso sincero, quebrando o efeito do encontro e despertando Thomas de seu transe, disse:

– Bem-vindo, Thomas. Você trouxe alegria para esta casa! Por favor, entre! Vou pedir que sirvam um chá.

– Obrigado, Liandra – respondeu ele ainda abalado e subindo os degraus.

Na varanda, tomou uma das mãos dela e a beijou um pouco mais lentamente do que a cortesia usualmente exigia e, fixando-a nos olhos, como era de seu feitio, sem soltar sua mão, num gesto de galanteio, com um sorriso expressivo, disse em meio-tom:

– Ora bem! Meu irmão Petrus devia ter me alertado a respeito de sua beleza. Não foi à toa que me pediu para vir cuidar de seus tesouros.

Diferentemente de outras tantas ocasiões em que Liandra fora galanteada, ao que já se acostumara devido à sua beleza ímpar, desta vez corou imediatamente, mas não desviou o olhar nem tentou retirar sua mão das dele.

Mais uma vez, alguns segundos se passaram com os dois imóveis a se fitar nos olhos. Com o coração descompassado, a respiração quase ofegante, Thomas tomou a iniciativa, liberando a mão de Liandra, de modo a sentir-lhe os dedos deslizar por entre os seus:

– Desculpe meus modos, acredito estar muito mal-acostumado com os galanteios e as moçoilas das quais, por vezes, arranco suspiros...

– Não se preocupe – rebateu Liandra, divertindo-se com a mal disfarçada compostura do cunhado. – Não me ofende com sua gentileza. Afinal, estamos em família, não?

Thomas recobrou completamente a noção da realidade com as palavras de Liandra.

"Isso mesmo! Estamos em família", pensou, lembrando-se do que fora fazer ali e envergonhando-se intimamente pelos sentimentos que o dominaram desde que pousara os olhos em Liandra.

De pronto, decidiu que lutaria ferozmente contra aqueles sentimentos, pois, além de ter como regra de conduta pessoal a manutenção de sua honra como homem de bem, cristão que era, espírita convicto, havia também o fator talvez mais preponderante: seu amor por Petrus, seu irmão.

Devia, a todo custo, respeitar o irmão amado e agir com toda a dignidade.

O mesmo pensamento teve Liandra, que também decidira conduzir, a todo custo, seus sentimentos para a esfera da fraternidade.

Expectadores passivos até então, sentimo-nos recompensados com o proceder de Thomas e Liandra e olhamo-nos satisfeitos. Com um gesto que se mostrou natural entre nós três, demos as mãos e proferimos uma prece de gratidão a Jesus e ao Pai Maior.

As questões familiares eram objeto de honra para eles, entretanto, homens são homens, e eles, com raras exceções, permitiam-se pequenas aventuras para saciar seus anseios carnais.

Peças da vida

Assim que Liandra providenciou a acomodação de seu cunhado, atendendo a um pedido de seu marido Petrus, enviou um mensageiro até ele, dando conta da chegada de Thomas.

Passadas quase duas semanas em que Thomas e Liandra se defendiam de seus sentimentos um pelo outro, mantendo certa distanciação, evitando o contato entre si o máximo possível, especialmente a sós, Petrus retornou ao lar, cheio de alegria. E foi calorosamente recebido pelos seus.

Até então, Gabriel e Eudora permaneceram em absoluta passividade, apenas observando o comportamento dos seus tutelados e registrando seus pensamentos e sentimentos de forma a ser possível uma intervenção mais eficiente, se esta se mostrasse necessária.

Thomas, assim que notou a aproximação de uma carruagem, dirigiu-se até ela, na entrada do solar, recebendo Petrus com um forte, efusivo e demorado abraço. Os dois trocavam algumas palavras, alegres e cheios de entusiasmo, não notando que, em silêncio, Liandra os aguardava no alto da escadaria que conduzia ao pórtico, feliz com o reencontro deles e jubilosa com o retorno do marido ao lar, mesmo que temporariamente. Sentia-se aliviada, pois acreditava que, com a presença dele, seria possível desvencilhar-se de vez dos sentimentos por Thomas, cujo íntimo combate a torturava.

Observava os dois interagindo com gestos quase infantis e sentia-se profundamente entusiasmada e algo aliviada com a presença de Petrus.

Aproveitando o momento das efusivas manifestações de apreço entre eles, procurei inteirar-me de como os fatos iam se desenrolando desde que Thomas chegara ao solar:

– Irmã Eudora, irmão Gabriel, como nossos queridos têm se relacionado nesse meio-tempo?

– Com muita dignidade – adiantou-se Gabriel, pois Eudora dirigira seu olhar a este como a esperar sua manifestação –, apesar da imensa luta íntima que ambos vêm deflagrando, eles permanecem firmes e resolutos em não cometer erros.

– Continuemos a observar os nossos queridos – respondi intimamente satisfeito.

Após alguns minutos, ambos se deram conta da presença de Liandra. E Petrus, dando uma sacudidela nos ombros do irmão, correu em direção a ela. Após vencer o lance de escadas em poucos saltos, atirou-se nos braços de sua amada esposa, beijando-a com profunda paixão. Thomas, que assistia estático à cena, não pôde deixar de sentir certa inveja e ciúme do irmão, mas lutou contra esses pensamentos e sentimentos, afastando-os de sua mente.

À noite, durante o jantar, conversaram generalidades. Os dois irmãos pareciam crianças que receberam um presente havia muito esperado. Thomas, não resistindo à sua própria índole, que Petrus conhecia tão bem, lançou um galanteio a Liandra:

- Meu irmão, por que não me preveniu da beleza de sua esposa? Quase me revolto contra Deus por tê-lo premiado com tão formosa, doce, gentil e bela criatura! E a mim, o que me foi reservado? - Rindo-se a valer, continuou: - Apenas as inebriantes e perigosas garotas dos cabarés!

Ambos gargalharam gostosamente e Liandra corou. Petrus notou imediatamente a reação da esposa, mas a atribuiu a certo decoro próprio das mulheres. Contudo, seu rubor se devia por sentir ciúmes de Thomas, ao imaginá-lo envolvido por outros braços femininos.

Ela se sentiu constrangida durante todo o tempo, pois, apesar de estar sendo forte e lidando muito bem com os intensos sentimentos por seu cunhado, deles não conseguia se desvencilhar, ao contrário, parecia-lhe que a cada minuto eles se consolidavam mais em sua alma.

No momento em que Thomas fazia seu comentário, Liandra observava os dois irmãos e sua mente fervia em pensamentos, aos quais demos especial atenção, pois, como em outras existências, Liandra era o foco das ocorrências:

"Deus, como estou confusa! O que se passa comigo? Eu não consigo entender, amo Petrus tanto quanto como na primeira vez em que o vi. A ele pertenço de corpo e alma, mas... Como pode meu coração me trair assim, e bater com a mesma força, com o mesmo amor e paixão por Thomas? Como pode alguém amar tão intensamente duas pessoas? Não fosse Thomas irmão de Petrus, não me veria obrigada a esse tão doce e torturante convívio, onde nada posso fazer para convencer meu coração a não mais bater por ele. Meu Deus! Como eu os amo... E os desejo! Como anseio por eles, mas só um me é permitido, só um me é lícito. Por que me tortura assim, coração meu? Nada me resta a não ser me conformar com minha sina e devotar meu amor aos dois, da única forma possível, sendo fiel a Petrus, mesmo que para isso minha vida não possa mais ser vivida. Ambos se amam e eu jamais poderia afetar tão belo sentimento que um nutre pelo outro."

Foi Petrus que a retirou de suas divagações. Olhando para ela nos olhos, e divertindo-se a valer, ele tomou a mão de Liandra e comentou:

– Querida, querida! Não se escandalize com as palavras de Thomas, elas não passam de joguetes de um moleque inconsequente! Pensei que, nestas duas semanas que ele permaneceu aqui, você tivesse percebido como ele é, mas compreendo que mal o conhece.

- Pois agora estou conhecendo outro Thomas, o que esteve aqui, até agora há pouco, portou-se como um cavalheiro inglês!

Thomas ruborizou-se.

Petrus riu e, sem desconfiar um momento sequer de que pudesse existir algo entre os dois, recriminou o irmão, divertindo-se com isso:

- Ora, Thomas, como você pôde iludir assim minha amada Liandra? Nunca mais se oculte a ela! Não vê como está decepcionada? Sai de cena o lorde inglês, entra o alemão tosco!

Todos riram com a brincadeira de Petrus.

- Desculpe-me, meu irmão - disse procurando se explicar -, nesses dias em que estive aqui, procurei me assenhorear dos seus negócios, de modo que tão absorto estive com minha tarefa que, ao chegar ao solar, sobrava pouco tempo para que eu pudesse dar a devida atenção à sua Liandra.

Thomas proferiu as últimas palavras com os olhos fixos na moça.

O que apenas nós três percebemos foi a intensa luta íntima que Thomas deflagrou quando se entregou a rápidos pensamentos de como seria ter Liandra em seus braços.

Eudora, imediatamente, com nossa concordância, acercou-se de Thomas e, pousando sua destra sobre sua fronte, procurou induzi-lo a pensamentos que o trouxessem à razão. Em resposta, ele elevou seus pensamentos num breve instante, o suficiente para que fosse envolvido por suave luminosidade e deixasse, com facilidade, os pensamentos libidinosos de lado.

Petrus notou que existia certa reserva entre os dois. O que ele não sabia era que, sem jamais ter sido proferida uma palavra sequer do que ocorria sentimentalmente entre eles, implicitamente Thomas e Liandra estabeleceram um pacto mudo, determinado, até então, por suas ações, gestos, palavras e olhares esquivos e fugidios, pois ambos evitavam, a todo custo, se olhar, por temerem não resistir aos sentimentos.

Petrus acreditava que ali havia apenas excesso de reservas, que a seu ver era desnecessário. A isso protestou veementemente. Por amá-los muito e confiar neles cega e incondicionalmente, queria que ambos se tratassem mais abertamente, com carinho e afeto que julgava normais entre pessoas que se queriam bem.

Após dois dias, ele retornou às suas obrigações, e tudo corria bem no solar. De tempos em tempos retornava, cheio de alegria pela presença do irmão, verificando que todos os negócios estavam indo bem, apesar da presença próxima dos alemães. Contudo, sendo a família Viert de origem alemã, e morando em região que não apresentava grande interesse estratégico na guerra, era poupada de quaisquer consequências, inclusive porque Petrus era um oficial a serviço da França.

Nessas ocasiões em que ele se fazia presente, entregava-se com profunda paixão e amor à sua esposa, porém os períodos que ele passava em campanha eram cada vez mais longos.

Eram muitos os feridos nas batalhas sangrentas, que se intensificavam a cada dia. O avanço das tropas aumentava, aproximando-se do hospital de campanha, sendo motivo de preocupação para os estrategistas franceses, que já consideravam a necessidade de remover o hospital para uma área mais distante e protegida da zona de combate. No entanto, como aumentara muito a demanda por socorro médico, tal ação foi sendo protelada.

Amor proibido

No auge da guerra, ao retornar de seu lar para o hospital de campanha, o doutor Viert soube que sua enfermeira-chefe teve de se ausentar, talvez definitivamente, pois sua família carecia de sua presença, uma vez que a escaramuça se aproximara demasiadamente do lar de seus familiares.

Para seu lugar foi designada a enfermeira Suzanne Marie, que, ao primeiro contato, causou-lhe a impressão de ser jovem demais. No entanto, como suas credenciais eram muito positivas, ele pôde ver que ali estava uma profissional bem experiente e extremamente eficiente. Por tudo isso, não impôs nenhum empecilho.

Pouco antes de Suzanne ser apresentada a ele, tive minha atenção chamada por um velho amigo que havia muito não encontrava:

– Salve, Augustus! Que a paz de Nosso Senhor seja contigo!

Era Sasha, meu velho e querido companheiro de muitos séculos, que estava incumbido de tutorar uma irmã de há muito conhecida por nós e intimamente ligada ao drama dos Viert.

– Seja sempre em seu coração, querido irmão!

Abraçamo-nos com intensa alegria.

– Mas diga-me, Sasha, meu velho, que bons ventos o trazem aqui?

– Os maiores me instruíram a me antecipar à chegada de Suzanne, minha protegida, para que você me coloque a par dos acontecimentos.

– Suzanne? De quem se trata?

– Recorde-se, Augustus... – dizendo isso, Sasha enviou-me as imagens mentais de um passado não muito distante em que a figura de nossa irmã se destacou, fazendo-me, desta forma, compreender quase instantaneamente de quem se tratava.

Em seguida, relatei a Sasha todos os acontecimentos ocorridos. Confabulamos rapidamente a respeito de como poderiam se desenrolar os fatos a partir de então e sobre as providências que deveríamos tomar ou não diante das principais ocorrências que estávamos supondo.

A jovem causou certo encanto no doutor Viert, que não pôde se deter, pois naquele mesmo instante chegava grande grupo de feridos necessitando de assistência urgente.

Após uma jornada de assistência de quase trinta horas ininterruptas aos feridos, concluídas as intervenções emergenciais, amputações, cirurgias, remoção de estilhaços, lavagem de mucosas, pele e olhos causticados pelos gases mostarda, o doutor Viert, sinceramente impressionado com a habilidade, capacidade e dedicação da enfermeira Suzanne, procurou-a:

- Enfermeira Suzanne! Quero parabenizá-la. Realmente, suas credenciais são corretas, mas insuficientes, você surpreendeu e superou em muito as minhas expectativas.

Tentando limpar o suor de seu rosto com as costas das mãos, ela sorriu, em um misto de satisfação e exaustão. Olhando-o nos olhos com decisão e firmeza, já profundamente afetada por sua presença, que lhe havia despertado sentimentos que sabia serem proibidos e que julgava impossíveis de serem satisfeitos, respondeu:

- Eu é que lhe agradeço, doutor. Apenas procurei cumprir minhas obrigações. - E, sem desviar seus olhos dos dele, apresentando um franco, envolvente e belo sorriso, que a iluminou por completo, conferindo-lhe graça e jovialidade excepcionais, acrescentou: - Perdoe-me a ousadia, mas o doutor também me impressionou com sua destreza e agilidade, especialmente naquela dupla amputação em que, pelo que já pude perceber, qualquer outro médico não conseguiria agir tão rápido, e o paciente seguramente teria perdido a vida, de tão frágeis que eram suas condições. Apenas havia nele um tênue fio de vida, e o senhor soube preservá-lo. Impressionante! – E, dizendo isso, seu rosto se iluminou ainda mais e sua expressão se tornou encantadora.

O doutor Viert, com um brilho no olhar, sorriso angelical, faces rosadas e seus ruivos cabelos encaracolados, meio rebeldes, mas elegantemente e graciosamente desarrumados, perdeu-se em seus devaneios.

Aquela moça despertara-lhe sentimentos que não desejava. Seu coração batia descompassado. O desejo o havia possuído por completo, fato que não passara despercebido dela, pois Petrus permanecera longos segundos em silêncio, fitando-a nos olhos. E ela, em momento algum, desviara seus próprios olhos dos dele.

Era madrugada, e ambos estavam em silêncio absoluto, a sós, no improvisado átrio que dava acesso à barraca principal do hospital, fitando-se. Cada um lutando contra e, ao mesmo tempo, pela atração que sentiam. Nós, de nossa parte, em cumprimento às orientações recebidas, observávamos calados; sofríamos e orávamos. Fazia parte da programação de suas provas reencontrarem-se nessa encarnação com o objetivo de se superarem.

Foi Petrus que, vencendo suas divagações, quebrou o silêncio, após conseguir trazer à lembrança o que a enfermeira Suzanne comentou:

– Obrigado! Após algum tempo, desenvolve-se a prática e, superada a piedade pela dor do paciente, compreendemos que quanto mais rápido for o procedimento, menos sofrimento lhe será imposto.

Permaneceram ainda alguns segundos a se fitar. Nesse intervalo, Sasha e eu presenciamos a repetição do mesmo espetáculo de cores e energias na aura e nos chacras dos dois, consequência que a atração entre duas pessoas promove, e da qual pude ser testemunha, pouco tempo antes, entre Liandra e Thomas.

Vencendo seus impulsos masculinos, Petrus se recompôs e despediu-se da enfermeira:

– Enfermeira Suzanne, vá se cuidar e descanse, pois tivemos um período excepcionalmente longo de trabalho. Você deve restabelecer suas energias, pois notei que se recusou ao descanso enquanto o ordenava às suas enfermeiras com regularidade e de forma surpreendentemente organizada. Descanse e não retorne ao ofício antes que tenham se passado ao menos oito horas de repouso.

Sem alterar a angelical e envolvente expressão facial, Suzanne respondeu, ampliando ainda mais seu sorriso:

– Certo, doutor. Agradeço e desejo-lhe um bom repouso, boa noite!

– Boa noite!

Petrus permaneceu ali, observando a encantadora figura se distanciar lenta e graciosamente, em um ritmo precisamente calculado, insinuante, rumo ao alojamento da enfermagem. Dessa forma, com um ponto de vista totalmente masculino, notou a atraente silhueta da jovem mulher, que despertou nele um profundo desejo.

A distância, ao abrir a lona para entrar no alojamento, ela se deteve nesse gesto e dirigiu um olhar furtivo em direção a Petrus, que estava impassível observando-a. Sorriu discretamente e, felicitando-se intimamente, confirmou sua suspeita de que ele a desejava tanto quanto ela a ele.

Mulher calma e resoluta que era, a enfermeira combinou consigo mesma que nada faria para seduzi-lo, mas que, se ele se mostrasse francamente a ela, não iria recusá-lo.

Sasha aproximou-se dela e procurou incutir-lhe resoluções mais nobres, em vão. Suzanne não estava disposta a se modificar e justificava-se infantilmente procurando afirmar-se em suas tendências.

Definitivamente, ela não se entregava a procedimentos de moral duvidosa, ao contrário, sempre procurou manter uma conduta o mais reta possível no contexto de sua época, e não tinha a menor intenção de furtá-lo de sua esposa, mesmo porque acreditava que não deveria se unir a quem quer que fosse por meio de compromisso matrimonial; desejava tão somente amar e ser amada, sem constituir família nem estreitar laços. Contudo, não seria sua responsabilidade se ele tomasse a iniciativa e, se para ele não houvesse problema, então, por que não?

Esse era um dos seus pontos fracos, talvez o mais crítico: furtar-se de responsabilidades de qualquer tipo no campo sentimental e afetivo. Suzanne fugia de quaisquer compromissos que pudessem afetá-la no campo dos sentimentos, buscava apenas a satisfação de seus anseios carnais, evitando o quanto possível os escândalos e o julgamento de seus contemporâneos.

Ao deitar-se, custou a dormir, tamanha a fascinação que Petrus exercera sobre ela. Simplesmente existindo, sem sequer ter tomado alguma atitude que dele denunciasse qualquer interesse de forma ostensiva por ela. E como havia muito se sentia carente de afeto masculino, a figura de Petrus povoou suas fantasias femininas durante horas antes que ela conciliasse o sono.

Por sua vez, Petrus começou a viver um conflito interior, pois acabara de ter seus anseios masculinos saciados com sua esposa e, mesmo assim, via-se totalmente envolvido por um desejo forte por Suzanne, o que o aturdia e criava em seu íntimo uma luta entre o compromisso com a mulher que tanto amava e o desejo por aquela mulher tão envolvente e bela que, por sua vez, mantivera-se em silêncio, apesar de ser evidente para ele que ela também o desejava.

Manteve esses pensamentos por horas, alternando fantasias com Suzanne, antes de também conseguir dormir.

Os dois estabeleceram, sem se darem conta e principalmente sem saberem que tal fosse possível, profundo elo mental. Quanto mais se entregavam aos devaneios, mais se estreitavam e fortaleciam as energias primitivas que os uniam. Pudemos notar a forte corrente de energias genésicas que fluíam de um para outro por meio do cordão criado por suas mentes, que unia especialmente seus plexos genésicos.

Passaram-se poucas semanas e o trabalho intensificara-se.

Ambos, apesar de manterem silêncio a respeito de seus sentimentos, já viviam certa cumplicidade de gestos e olhares, o que, sob certo aspecto, os divertia, mas principalmente os torturava. O elo criado pela mente deles, ainda muito ligada às sensações, fortalecia-se a cada dia.

Para mim e para Sasha, tornava-se quase uma tortura ter de assistir àquilo passivamente, mas como foi tudo devidamente planejado antes da reencarnação de ambos, cumpria-nos o dever de nos manter distantes, observando e orando.

Certa noite em que a burocracia exigira de Petrus sua atenção, pois os medicamentos e curativos já começavam a escassear, aproveitando uma pausa de dois dias nas batalhas, ele solicitou a Suzanne que realizasse um inventário dos suprimentos e, uma vez concluído, levasse até suas dependências para que procedessem à formalização do pedido de renovação do estoque do hospital de campanha. Esse era um procedimento-padrão.

Por horas, sentados lado a lado, eles se dedicaram à tarefa burocrática e enfadonha, a sós e com a privacidade relativamente garantida, pois dera Petrus ao seu intendente particular – sargento Heriot, homem de caráter reto, digno, seu grande admirador, a quem se dedicava fiel e incondicionalmente – ordens para que não fossem interrompidos, exceto por alguma emergência.

Tal proceder era usual em sua forma de agir e administrar o hospital e, acostumados a isso, ninguém ousara interrompê-los, pois ele era um oficial rígido e sistemático, apegado às rotinas.

Apesar de ambos se esforçarem na realização da incômoda tarefa burocrática, não foram poucas as vezes que situações constrangedoras os envolveram.

Tanto Petrus quanto Suzanne cometeram erros no passado, em outras encarnações, e angariaram inimigos, dos quais muitos ainda estavam no plano espiritual em busca de oportunidade de levar a efeito seus intentos vingativos. Sabedores das ligações anteriores do casal, reconheciam ali uma excelente oportunidade para criar e levar a efeito um plano no sentido de destruir-lhes a felicidade e satisfazerem seus desejos deturpados de justiça.

Após anos de intensa atuação sobre a mente deles, seus perseguidores conheciam-lhes os pontos fracos de caráter e índole, e sabiam como manipular seus pensamentos de forma a intensificar essas fraquezas.

Toques acidentais de mãos, olhares furtivos de admiração, gestos impensados, tudo o que a proximidade de ambos, na realização que suas funções, exigia, e que uma pequena escrivaninha propiciava, era utilizado no sentido de levá-los a uma intensa atração física. Assim, quando ambos finalmente concluíram a tarefa, pousaram os olhos um no outro.

Permaneceram longos segundos a fitar-se em absoluto silêncio. Estavam tão próximos que podiam sentir a respiração um do outro.

Petrus, já à beira de uma explosão interior, desabafou:

– Suzanne! Preciso me confidenciar com você! Já não suporto mais o que me vai na alma desde o primeiro momento em que nos conhecemos, sinto-me profundamente perturbado... – disse com o cenho franzido e uma entonação de tamanha seriedade que aturdiu a compreensão de Suzanne, levando-a a se questionar se tudo o que interpretara teria sido incorreto e se seus devaneios teriam sido apenas loucuras.

Neste momento, que era evidentemente muito crítico, notei que Sasha demonstrava certo incômodo com o desenrolar dos fatos e, mais uma vez, senti-me na obrigação de relembrar qual deveria ser nossa postura.

– Aguardemos, Sasha, meu velho! Aguardemos e não nos esqueçamos de que temos ordens dos nossos maiores para não interferir!

– Sim, apesar de me sentir propenso a desviá-los desse caminho, sei que devo me conter sem interferir. Observemos, então, e confiemos na Divina Providência.

– Diga-me, doutor, por favor, o que o perturba assim tão intensamente? Terei sido inconveniente? Procedi mal com o senhor ou com minhas atribuições? – questionou Suzanne, após alguns segundos de concentração, com a voz alterada, pálida, perturbada com o modo pelo qual Petrus iniciou a interpelação.

– Não! – exclamou ele, dando-se conta de que se expressara em excesso. – Não é nada disso! O problema não é você, e sim eu!

– Mas então, doutor, o que é?

– Sinto-me irremediavelmente atraído por você, Suzanne! Mal posso me conter em meus instintos mais básicos.

Censurando-se, Petrus fitou-a profunda e intensamente, com o coração descompassado, como que querendo saltar-lhe do peito, e continuou:

– Bem sabe, sou casado! Desculpe-me por confidenciar-me assim, não quero ofendê-la, mas...

– Mas? – arguiu Suzanne diante da hesitação dele.

– Amo profundamente minha esposa e por ela sou amado e respeitado. Nunca faltei com meu compromisso para com ela, sempre lhe fui fiel; entretanto, nunca fiquei assim tão profundamente impressionado por outra mulher. – Petrus se expressara na esperança de que suas palavras surtissem efeito devastador sobre Suzanne, de forma a induzi-la a repeli-lo, pois ele mesmo não se sentia suficientemente forte para tomar para si essa incumbência.

Aquele "mas", propositadamente dito por Petrus, tentando aparentar hesitação, com destacada entonação, aliviou-a intimamente, pois se evidenciava para ela a tortura sentimental que ele vivia, levando-a a julgar que talvez ele a pudesse compreender e aceitar sua maneira de ser, sua visão da vida, seus sentimentos e suas intenções.

Os perseguidores de Suzanne não se continham de satisfação e intensificaram a atuação que exerciam sobre suas fraquezas.

– Doutor, permita-me – disse, colocando gentilmente seus delicados dedos sobre os lábios dele, no sentido de impedi-lo de continuar, fazendo-o estremecer ao sentir a delicadeza, o frescor e o perfume de sua pele –, também desejo me confidenciar.

Ousando, Suzanne tomou a destra do doutor entre as suas mãos, notando quão fria e suada estava, em consequência do profundo abalo sentimental e moral que o aturdia.

Suas palavras tiveram um efeito inebriante sobre Petrus que, instintivamente, sentiu que estava prestes a ouvir uma revelação que redefiniria de vez os rumos de sua vida; assim como uma criança que está prestes a receber um presente muito desejado e um adolescente a ponto de ter seu primeiro intercurso amoroso.

Com os olhos brilhando e a voz alterada pela emoção que a acometia, Suzanne continuou:

– Confesso compartilhar dos mesmos sentimentos que lhe vão na alma, desde o primeiro contato que tivemos. Eu já sabia tudo o que o doutor me contou a respeito de sua vida conjugal, por essa razão jamais me atrevi a aproximar-me de forma diferente da que nossos papéis exigem de nós. Espero sinceramente que me compreenda e que não me tome como uma mulher vulgar, pois já experimentei o afeto masculino por duas vezes e acredito que a vida conjugal não tenha, para mim, o mesmo sentido que tem para as outras mulheres. Sinceramente, não desejo e jamais desejei estabelecer laços formais com alguém. Não acalento esse sonho tão feminino, pois isso não faz parte de meu ser! Sinto que não serei feliz por muito tempo se me comprometer com um homem. Vou me sentir presa, por mais que o ame. Não me peça que explique por que penso e me sinto assim. Nem eu mesma sei, apenas carrego a certeza de que é assim.

Suzanne fez uma pausa e ficou observando as expressões de Petrus, como se estivesse tentando traduzir, por meio de seu semblante, o que lhe ia no coração e na mente. Após breve intervalo, que lhes pareceu horas intermináveis, ela concluiu:

– Não me atrevo a lhe pedir que seja meu e que me faça sua, apesar de ansiar por isso a cada minuto de minha vida desde o dia em que o conheci. Não quero me tornar a pessoa que, por capricho do coração, venha a abalar ou destruir a sua felicidade com aquela que elegeu para seu coração e sua vida.

Ao proferir essas palavras, não pôde conter a emoção, sua voz se embargou e uma discreta lágrima correu por sua delicada e rósea face. Suas palavras não traduziam fielmente toda a verdade que avassalava sua alma e mente.

Petrus fervia por dentro, pensamentos desconexos povoavam sua mente e, finalmente, ele se expressou, mais para tentar vencer a si mesmo do que para se explicar:

– Suzanne, doce Suzanne... O que dizer? Não me atreverei a incursionar na intimidade de sua alma. Sei que é sincera no que me diz e jamais iria tomá-la por vulgar, posto que tantas vezes já demonstrou a grandeza da sua alma no modo de proceder com os feridos e colegas. É muito considerada por todos aqui, que a respeitam e a admiram. Muitas de suas enfermeiras a têm como exemplo de profissional e mulher. Quanto à sua aversão por compromissos, isso só compete a você mesma, ninguém tem o direito de pretender que seja diferente do que é, nem de julgá-la pelo que pensa e sente, apesar da crueldade existente neste mundo e da qual devemos sempre nos preservar.

Após pequena pausa, continuou:

- Desejo-a muito, mas jamais poderei lhe oferecer algo além de carinhos e furtivo amor, pois, se de um lado somos pessoas como as outras, de outro temos obrigações, e muitos são os que dependem de nós. Grande é a nossa responsabilidade. Será que temos o direito de colocar em risco tudo isso?

O sentimento de responsabilidade de Petrus diante da vida e dos compromissos por ele assumidos ficou patente, demonstrando seu arrependimento pelas atitudes que tomara até então, o que evidenciou o inferno que vivia na luta da consciência, já bem cultivada, contra os instintos que ainda o possuíam.

Mas como o aprendizado é difícil e gradativo, o médico, ao sentir que ele próprio estava por se negar à satisfação de seus anseios masculinos, se contradisse:

- Por outro lado, teríamos como negar a nós mesmos o que tanto ansiamos? Como me sinto torturado!

– Desejo-o tanto, Petrus! Tudo farei para não perdê-lo!

Novamente o silêncio, e ambos se fitaram profundamente! Agora, estavam finalmente expostos a toda a ternura e desejo que sentiam. Nada mais a ocultar, apenas uma decisão a lhes pairar sobre a cabeça. Qual rumo tomar?

Petrus, não mais se contendo, e sob intensa influência de seus perseguidores, cedeu à sua natureza inferior e desistiu de combater o que sabia ser incorreto.

Mantendo sua destra entre as mãos de Suzanne, levou a esquerda gentilmente até atrás da nuca dela e, lentamente, trouxe-a para junto de si; ato que os levou a cerrar os olhos. Tocou-lhe os lábios, beijando-os com enorme ternura e leveza. Alguns momentos depois, disse suavemente:

– Suzanne, quero-a agora! Não me importa mais o mundo e as pessoas, tudo o que me importa é perder-me em seus braços.

– Petrus... Como sonhei com esse momento, como o tenho desejado. Quero-o, meu amor, sou sua, me ame...

– Amo-a, Suzanne, profundamente...

Tomando-a nos braços, ele a levou até seu catre e lá passaram horas se entregando.

Quanto a Sasha e eu, nada mais nos restava fazer a não ser nos retirar, com profundo pesar e temerosos pelas consequências. Em silêncio, oramos ao Pai por Sua Misericórdia.

Atingidos pela guerra

Passaram-se quase dois meses desde que Petrus e Suzanne se entregaram um ao outro pela primeira vez. No dia posterior a uma dessas noites de amor com Suzanne, que eram excepcionalmente agradáveis, o doutor Viert passou ordens ao seu intendente, o sargento Heriot, para que levasse pessoalmente alguns documentos de requisição de suprimentos médicos ao Q.G. central. Heriot, já habituado com os procedimentos burocráticos, sabia como agilizar a providência dos suprimentos, que se esgotavam rapidamente, devido ao recrudescimento da guerra. O hospital de campanha havia sido deslocado para as proximidades de Paris, cuja invasão e domínio pelos alemães pareciam iminentes.

Após as ordens, o médico se dirigiu às instalações, onde os feridos recebiam cuidados, no intuito de proceder à visitação médica e providenciar os cuidados necessários a cada caso.

Nessa manhã, ele se sentia tão bem e feliz, graças à noite anterior passada com Suzanne, que não percebeu que estava à paisana. De seu uniforme, trajava apenas as botas, que calçara ao se levantar.

Passeava tranquilamente entre as macas e confabulava distraidamente com os enfermos usando apenas ceroulas e uma camiseta.

Sendo um homem um tanto ríspido e famoso por suas intempestivas admoestações, ninguém ousou interpelá-lo quanto aos seus trajes.

Após ter visitado muitos soldados, que exigiam cuidados médicos, foi abordado por Suzanne, que até então estivera em outra barraca orientando suas enfermeiras quanto aos cuidados diários para com os feridos. Quase sem conseguir se conter e com um belo sorriso no rosto, disse:

- Bom dia, doutor! Folgo em vê-lo tão feliz e tão à vontade hoje! - dando especial ênfase ao "à vontade".

Sem se dar conta do verdadeiro motivo que a levou a se dirigir a ele daquela forma, julgando que ela se referia à noite anterior, curvou-se de forma a ser ouvido apenas por ela e respondeu todo satisfação:

- Como poderia deixar de estar feliz? Pelo que pude notar, você também aproveitou bem a noite, não? - e abriu amplo sorriso, acreditando que ela iria se ruborizar ao se lembrar da noite de amor que tivera com ele.

Sem se alterar e contendo-se firmemente para não rir, Suzanne respondeu, quase sussurrando:

– Oh! Sim, senhor doutor, aproveitei muito bem o meu tempo, mas, apesar de me sentir profundamente satisfeita e feliz, nem por isso vim ao trabalho trajando apenas anáguas!

Dizendo isso, não conseguiu conter o riso, especialmente quando Petrus olhou para si e constatou a ausência da farda.

Ele nada disse, apenas ficou vermelho e, velozmente, dirigiu-se à sua barraca, deixando Suzanne gargalhando.

De repente, ela interrompeu o riso, ocupada por pensamentos que a perturbavam desde cedo.

Estava grávida de Petrus e não se sentia segura em como agir. Obtivera a confirmação de suas suspeitas naquele mesmo dia, bem cedo, com um dos médicos da equipe, a quem pediu segredo, pois pretendia ocultar o fato o máximo de tempo possível.

O tal médico, pouco afeito às questões éticas de sua profissão, chegou a lhe oferecer um procedimento abortivo a ser feito com discrição, na primeira folga que ela tivesse. Contudo, ela, cuidando para ocultar o sentimento de repulsa que isso lhe causava, recusou a oferta cordialmente, pedindo-lhe apenas para guardar segredo pelo tempo que ela conseguisse, pois não queria abandonar tão cedo sua tarefa com os feridos e doentes do hospital. O médico, com ar de pouco-caso, anuiu positivamente e lhe garantiu a discrição que ela lhe pediu, mais pela verdadeira admiração e respeito que ela granjeava com todos do que por piedade de sua situação.

Suzanne sabia, intimamente, que engravidara por ocasião da primeira vez em que os dois se amaram, e não conseguia se perdoar por não ter se prevenido. Receava a reação de Petrus, apesar de saber ser ele tão responsável quanto ela. Decidiu comunicar-lhe a gravidez, e estava decidida a fazê-lo ainda naquele dia.

E mais, estava decidida a não comprometê-lo sob nenhum aspecto, nem mesmo exigiria que ele assumisse, de qualquer forma, a paternidade da criança. Iria liberá-lo das responsabilidades de pai e pedir apenas algum apoio para os primeiros meses após a criança nascer, desobrigando-o por completo a partir disso.

Petrus já estava desconfiado, pois os dois se entregavam com frequência um a outro. Pensou em discutir rapidamente o assunto com Suzanne, mas as atribulações da vida em campanha sempre o distraíam e, quando na presença íntima dela, não conseguia se concentrar em mais nada a não ser no romance.

Após ser avisado sobre sua vestimenta, alheio ao drama íntimo que Suzanne vivia, o doutor Viert correu para o seu alojamento e lá foi surpreendido por um fato, no mínimo, singular e perturbador. Um integrante de sua equipe médica, o tenente Aldo, que lhe era francamente inamistoso, mas que o médico via-se obrigado a aturar por se tratar do filho de um general da força francesa, atingira o apogeu de sua inveja. Em um louco devaneio cultivado ao longo do tempo, motivado por seu desejo de possuir a patente e o prestígio dele, vitimado por processos obsessivos que redundaram em um caso de possessão espiritual por parte de inimigos invisíveis, invadiu o seu alojamento e vestiu a sua farda, pensando que assim, de alguma forma, assumiria sua identidade. Aldo enlouquecera!

Finalmente, a intensa movimentação dos perseguidores invisíveis de Petrus começava a ter uma explicação. Nos últimos dez dias, eu percebi intensa movimentação entre os perseguidores de Petrus, que buscavam ocultar suas intenções, pois eram conhecedores de minha presença e influência sobre ele, apesar de não poderem me ver nem me ouvir por causa da diferença de padrão vibratório em que vivíamos. Tal movimentação incluía a presença aleatória de espíritos visivelmente voltados a objetivos semelhantes aos deles, porém direcionados a outro homem, o tenente Aldo.

Em conversação com seu tutor espiritual, soube que estavam traçando planos que envolviam nossos tutelados e entidades ligadas à "administração trevosa da guerra", mas nos escapavam os detalhes.

Infelizmente, por conta da enorme cautela de que se revestiram na elaboração de seus planos e o pouco tempo de que dispúnhamos para analisar os fatos com mais profundidade, fomos surpreendidos.

Por padrão, alguns planos de vingança que perseguidores elaboram e põem em prática contra seus desafetos encarnados demandam um prazo de tempo terrestre normalmente extenso entre elaboração e conclusão, muitas vezes décadas. Por essa razão, fomos surpreendidos com uma atuação extremamente audaz e rápida, em um prazo atipicamente curto.

Petrus, ao entrar de supetão no alojamento, deparou com aquela figura desvairada a imitar-lhe os gestos. O tenente, com a mente profundamente voltada ao seu delírio, nem mesmo se deu conta de sua presença, a não ser quando ele o interpelou:

– O que significa isso, tenente Aldo? Como ousa trajar minha farda?

O tenente Aldo, pego em seu gesto insano, sob a ação daquele espírito infeliz que o dominava, reagiu de imediato e com ódio extremado, partindo para cima de Petrus. Ambos tinham a mesma constituição física, e iniciou-se um embate bastante equilibrado, em que golpes se desferiam com semelhante intensidade, provocando as mesmas consequências em cada um dos oponentes.

A luta corporal seguiria equilibrada, não fosse pelo fato de que quem não se guia pela razão, não se preocupa com lealdade. E, em meio ao embate, Aldo atirou uma garrafa em Petrus, que, mesmo desviando, foi atingido na região temporal esquerda, e que, apesar de ter sido pouco mais que um resvalo, o fez se sentir aturdido e momentaneamente confuso. Aldo, aproveitando, deu um salto em sua direção e o atingiu com um golpe no peito, fazendo-o cair e bater a cabeça na lateral de seu catre, deixando-o sem consciência por alguns momentos. Ao notar Petrus desacordado, Aldo fugiu em sentido contrário de onde Petrus caíra, indo em direção à saída da barraca. Nesse momento, foi atingido por um morteiro, o primeiro de um ataque covarde que se iniciara naquele exato momento ao hospital de campanha.

Este fato conclui a explicação do motivo da presença de espíritos ligados à "administração trevosa da guerra". Ao saberem de alguma forma, provavelmente por meio de suas ligações nas redes de trocas de favores, que o hospital de campanha seria atacado, tramaram contra Petrus e Aldo simultaneamente. Mais tarde, fiquei sabendo que o plano consistia em promover o desencarne de ambos, mas a Divina Providência agiu, apesar de eu ter sido pego totalmente desprevenido e de ter ficado sem ação diante dos fatos que se desenrolavam.

Com o impacto do morteiro na cabeça de Aldo, ele se desintegrou bem à porta da barraca de Petrus, que, caído inconsciente, não foi atingido, nem se deu conta do fato.

Momentos depois, enquanto todo o hospital de campanha se alvoroçava e todos buscavam desesperadamente por abrigo contra o ataque inesperado, que se desenrolava ferozmente, Petrus recobrou a consciência, mas não a memória.

Levantou-se aturdido e assustado com os estrondos da batalha, sem conseguir atinar o que estava acontecendo. Sem reconhecer a si mesmo, nem onde estava, seguiu cambaleando com o rosto todo ensanguentado entre as pessoas que corriam espavoridas por todos os lados, entre explosões que levantam destroços e poeira, tornando o ar quase irrespirável e a visibilidade reduzida.

Deparou com um cavalo que, tentando fugir, quase o atropelou. Instintivamente, deteve o animal pelas rédeas e, num gesto rápido e impensado, porém muito ágil, montou-o e saiu cavalgando a esmo, a toda a velocidade.

Cavalgou por horas a fio, atravessando bosques e plantações até que, depois que a noite chegou, o animal, exausto e sem poder continuar, parou perto de um casebre. Petrus, quase desfalecido, sem memória e ferido, foi notado e acolhido pelos moradores do casebre, que cuidaram de seus ferimentos. No entanto, ele permanecia alucinado, tinha visões e estava profundamente perturbado.

As visões de inimigos tentando matá-lo e de pessoas tentando destruí-lo perseguiam-no.

O golpe na cabeça causou uma hemorragia em seu cérebro que podia ter-lhe custado a vida, mas, para sua sorte, depois de algum tempo, ela cessou naturalmente; entretanto, deixou marcas.

Como era de pouco fluxo e em razão do excelente estado de saúde de Petrus, somado ao fato de ter ocorrido de maneira bastante incomum, o fluxo sanguíneo irregular e indesejado seguiu caminhos insólitos em seu cérebro, em vez de se deter e formar um coágulo, o que causaria consequente zona de pressão cerebral que o levaria à morte.

Outro detalhe que o salvou da morte foi o fato de o fluxo sanguíneo, apesar de contínuo, ter sido em pouco volume. Isso também evitou que partes essenciais de seu cérebro ficassem sem irrigação sanguínea e o levassem ao óbito.

O sangue hemorrágico originou-se na área cerebral da memória; em seguida, fluiu para o centro do cérebro, onde fica a sede da mediunidade. Encontrou caminho e se alastrou em diversas direções, entre elas o campo da visão e audição, mas não de forma a prejudicar esses sentidos físicos, e sim disparando os sentidos espirituais, que passaram a dar-lhe faculdades mediúnicas temporárias.

Tudo isso, acrescido de débitos espirituais contraídos no passado, fez com que seus antigos inimigos espirituais despontassem diante dele e a voz deles fosse percebida por seus sentidos, o que o deixou ainda mais transtornado.

Não nos esqueçamos de que Petrus, exceto pelas botas, não usava roupas militares.

No dia seguinte, por volta do meio-dia, ele fugiu desesperado e destrambelhado estrada afora, montado em seu cavalo. Viajou dias e dias desorientado.

Perdido, com fome, alimentava-se de raízes da terra, roubando um alimento aqui, outro ali. Eventualmente, alguém de bom coração também o amparava, mas, perturbado, ele voltava a fugir. Só parou quando estava a mais de 600 quilômetros de distância da terra dele, no sentido sudoeste.

Entregue à exaustão, foi acolhido por uma família de fazendeiros humildes e de poucas posses, porém muito bondosos. Lá havia uma senhora, de idade bem avançada, que era desconsiderada pelos seus por afirmar ser descendente dos druidas, entre outras afirmações estranhas; mas que dominava, como ninguém, o segredo das ervas e beberagens curadoras.

Conhecia profundamente muitas das questões espirituais, e logo compreendeu a profundidade do problema que acometera Petrus. Sabia exatamente como tratar seus ferimentos.

Por longos meses, amparada mediunicamente por benfeitores espirituais, enviados pelos maiores da espiritualidade, que atenderam às minhas rogativas, dele se acercou, ministrando uma série de remédios, emplastros e beberagens, sempre com a assistência dos bons espíritos. Passado pouco mais de um ano, repentinamente Petrus retornou ao que era. Sua mente se restabeleceu e suas visões e audições desapareceram como por encanto.

Em seu julgamento, aquele período de alucinações ocorrera apenas por consequência da lesão em seu cérebro. Ele não deu importância aos fatos e não considerou, de forma alguma, alguma relação com o mundo espiritual. Assim, não deu atenção à senhora, que tentou orientá-lo nesse sentido, considerando que o "Espiritismo", como dizia, era "coisa" para crédulos de mente fraca.

Apesar de o Espiritismo ser popular na França, Petrus não dava ao assunto nenhuma atenção.

Trágica notícia

De volta ao hospital de campanha...

Terminado o ataque terrível em que muitas vidas dedicadas ao socorro do próximo foram covardemente extirpadas, sem chance de defesa, o doutor Petrus Viert foi dado como morto. Isso porque encontraram o que restara do corpo do tenente Aldo, que estava usando a farda dele. Aldo foi dado como desaparecido. Julgaram que ele, provavelmente, fora capturado pelo inimigo. Como a explosão na cabeça de Aldo desintegrara-lhe parte do torso superior do corpo, o que restou foi tomado como sendo do próprio Petrus.

Suzanne havia escapado da morte sem nenhum ferimento, e assim que soube que Petrus havia sido dado como morto, que seu corpo mutilado havia sido encontrado na entrada de sua barraca, imaginou que ele, tendo ido vestir sua farda, encontrou a morte trágica.

Inconsolável, movida apenas por um forte senso de solidariedade, manteve-se em atividade no hospital de campanha até que a gravidez se tornou evidente.

Proibida de permanecer em serviço no hospital de campanha, devido a seu estado, recebera a oferta de trabalhar, mesmo grávida, em um pequeno hospital de uma cidade não muito longe dali; o que foi recebido de bom grado, pois não poderia se sustentar de outra forma.

O sargento Heriot, intendente fiel de Petrus, permaneceu voluntariamente ligado à corporação. Durante o ataque, um estilhaço atingiu-lhe o olho esquerdo, cegando-o deste olho. Alguns estilhaços haviam dilacerado, sem muita gravidade, algumas partes de seu corpo, sendo que o ferimento mais grave foi a perda de dois dedos da mão esquerda.

Mesmo ferido, Heriot atuou arduamente no socorro aos demais feridos do ataque ao hospital de campanha, recusando qualquer assistência, até que a fase mais crítica de socorro tivesse sido superada.

Sua atitude não passou despercebida pelo comando, e ele foi promovido por bravura à patente de segundo-tenente.

Além disso, foi-lhe ofertada a baixa da corporação em virtude de seus ferimentos. Ele, por sua vez, agradecido pela promoção, recusou-a e quase teve de implorar para permanecer na ativa, alegando que o doutor Viert não esperaria outra atitude dele. Em sua memória, foi-lhe concedida a permanência ativa no hospital de campanha.

Poucos dias depois de Petrus ser dado como morto, a notícia chegou ao solar dos Viert, causando terrível impacto em Thomas e Liandra.

O funeral foi realizado com todas as honras militares e, evidentemente, ambos compareceram, inclusive o ferido e ainda debilitado Heriot e a enfermeira-chefe Suzanne Marie.

Suzanne passou momentos difíceis quando se viu diante de Liandra. Reteve suas lágrimas o mais que pôde, mas sua vontade era de liberar toda a dor e angústia que lhe ia no peito. Sua vontade era de declarar a todos que ela o amara e o tivera como homem e que carregava em seu ventre o fruto do amor que eles viveram. Mas soube se calar e sofrer suas amarguras em silêncio.

Sua angústia se tornou ainda maior quando Liandra, ao ser informada de quem se tratava, e imaginando que ela sofria graças à admiração por seu falecido marido, conseguiu reunir forças para abraçá-la e agradecer sua presença nas exéquias, procurando confortá-la de algum modo, apesar da suprema dor que sentia.

Thomas buscou, a todo custo, manter-se firme e não demonstrar suas emoções. Tentou vivenciar o que aprendera e, como acreditava no Espiritismo, racionalmente sabia que a vida não se encerrava com a morte do corpo físico, e compreendia que seu irmão Petrus vivia no plano invisível, e que a eles caberia dar continuidade à vida, com coragem e fé!

Racionalmente...

Mas todos os presentes perceberam que por trás daquela rocha havia uma criança desesperada, chorando a perda do irmão. Liandra, agora a viúva Viert, inconsolável, lamentava o terrível destino de seu amado marido.

Nos primeiros dias após os trágicos acontecimentos, tanto Liandra como Thomas permaneceram recolhidos em seus aposentos, e todos os criados do solar lamentavam o ocorrido e concentravam a atenção nos dois, para soerguê-los e despertar-lhes o interesse pela vida.

Thomas, talvez em virtude de ter sua atenção constantemente requisitada pelos empregados para a resolução de problemas decorrentes de sua administração, muitos dos quais os próprios funcionários provocavam para ter motivos de retirá-lo de suas cismas, e em parte também pelos ensinamentos colhidos no Espiritismo, foi o primeiro a começar a superar a perda e reequilibrar os sentimentos.

Recomeçando

Preocupados com a integridade moral e espiritual de Thomas e Liandra, Eudora e Gabriel atuaram diligentemente no sentido de soerguê-los e, com a ajuda de todos os tutores espirituais dos empregados do solar, buscaram maneiras de consolá-los e demovê-los do estado de depressão a que se lançaram com a "morte" de Petrus.

Certo dia, Jullie, a ama de Liandra, induzida por sua tutora espiritual, tomou a frente dos empregados e procurou Thomas:

- Senhor, peço que me perdoe o atrevimento, mas estou muito preocupada com a senhora Liandra.

- Qual é a sua preocupação, Jullie? O que está acontecendo? - questionou Thomas, quase displicente.

- É que sinto a senhora Liandra definhando, meu senhor. Talvez por eu estar mais constantemente em companhia dela do que o senhor, que apenas a encontra às refeições e mal fala com ela, eu tenha reparado em como tem se tornado preocupante o seu estado de saúde.

Ante o silêncio de Thomas, continuou:

– Peço-lhe, senhor Thomas, que busque, de alguma forma, consolar a senhora Liandra, para ajudá-la a superar a dor da perda do senhor Petrus. Temo pelo pior!

Ouvindo as preocupações de Jullie, e sob forte influxo magnético de Eudora, Thomas sentiu-se ainda mais impulsionado a reagir contra suas emoções e socorrer Liandra, evitando que ela caísse em profunda depressão. A ideia de que ela estivesse definhando despertou-o. Seu amor por ela e seus sentimentos se reacenderam.

Eudora e Gabriel estavam cientes do risco que o despertar desses sentimentos representava, mas não conseguiam atinar outra forma de angariar êxito no sentido de despertá-los novamente para a vida. Ao consultar os maiores, não só obtiveram aprovação como foram incentivados a seguir tais caminhos, pois lhes asseveraram que tinha de ser assim, que, às vezes, um sabor amargo como o de um veneno pode representar o remédio de que necessitamos.

Portanto, percebendo que a estratégia começava a dar frutos, e atendendo à orientação dos maiores, Eudora e Gabriel passaram a observar a evolução dos fatos, intuindo seus tutelados à aproximação.

Thomas, após meditar por alguns momentos a respeito do que a ama de Liandra lhe dissera, sob o influxo de Eudora, modificou sua postura:

– Você está certa, Jullie, obrigado por me abrir os olhos! Tenho me ocupado tanto de minha autopiedade que, egoisticamente, esqueci-me de amparar minha cunhada! Obrigado mais uma vez, Jullie. Prometo conduzir mais adequadamente minha atenção e, por favor, sempre que houver necessidade de me comunicar algo, sinta-se à vontade.

A conversa com Jullie foi providencial.

Imediatamente, ele assumiu nova postura, assenhoreou-se de si e, por assim dizer, sacudiu a poeira que se acumulara em seu dolorido coração, reagindo contra a amargura que vinha cultivando.

À guisa de muita insistência, conseguiu convencer Liandra a sair de casa em sua companhia, sob uma causa desconhecida por ele, em que sua intervenção era necessária:

– Pedido do capataz – afirmou Thomas. – Desculpe, mas ando tão ensimesmado que não atinei de lhe perguntar o motivo pelo qual requeria sua presença, mas ele me asseverou que é urgente.

A artimanha para levar Liandra ao parreiral, que ficava cerca de uma hora de distância do solar, já havia sido previamente combinada entre Thomas e o capataz, que, com a chegada de Liandra ao local, alegou à patroa ter dificuldade no trato das parreiras, devido a um estranho brotamento fora de época.

Na verdade, ele sabia como proceder, mas utilizou-se desse expediente para tirar Liandra de casa. Ela, por sua vez, admoestou docemente o capataz, pois logo entendera o que estava ocorrendo. Isso, de certa forma, animou-a um pouco:

- Ah, Thomas! Eu deveria estar aborrecida com você por seu descaramento! Como pôde imaginar que eu não perceberia tão infantil artifício! Foi o próprio Luís que me ensinou esse método de poda corretiva! - Liandra sorriu timidamente, como se resistisse a melhorar o próprio ânimo. Essa postura de abertura possibilitou a Gabriel vencer as barreiras mentais de Liandra, ministrando-lhe, com sucesso, recursos magnéticos que dissolveram quase totalmente os fluidos de baixa vibração que envolviam sua mente.

- Liandra, minha querida - tomando-lhe o braço e conduzindo-a numa lenta caminhada, com o olhar fixo no horizonte -, às vezes, um homem tem de fazer o que tem de fazer! - Thomas disse, fitando-a nos olhos e sorrindo.

Ela, por sua vez, não pôde resistir e correspondeu ao sorriso.

- Graças a Deus tenho todos vocês me sustentando!

Dito isso, aconchegou-se em Thomas e apoiou a cabeça em seu ombro. Ambos seguiram, em profundo silêncio, calmamente, rumo ao solar.

Gabriel e Eudora acompanharam o casal com o espírito renovado, apesar de preocupados com os fatos futuros, pois sabiam que Petrus sobrevivera.

Com o passar dos dias, pouco a pouco, Thomas reconduziu o caminho de sua vida e Liandra conseguiu superar a maior parte de sua tristeza.

O amor que possuíam um pelo outro contribuiu para a recuperação de ambos, e como era esperado pelos tutores, ganhou vulto e intensidade.

Completados quase dois meses dos tristes acontecimentos, os próprios funcionários do solar perceberam que uma aproximação sentimental forte ocorria entre eles. O que não sabiam, nem podiam supor, era que esses sentimentos fossem precedentes a todos aqueles fatos, e que haviam, até ali, sido duramente subjugados por ambos. Mas pouco faltava para que tudo se modificasse definitivamente.

Aproveitando que Liandra faria aniversário, os criados da casa, deliberadamente, prepararam um jantar especial, cujo forte apelo romântico não passou despercebido pelos dois.

Uma vez ocupando seus lugares, no salão nobre do solar onde os empregados haviam preparado o ambiente, Thomas não se conteve e, divertido, disse:

- Liandra, minha querida - sussurrou Thomas, inclinando-se em direção a ela, por cima da pequena mesa preparada para o casal -, parece que alguns cupidos estão à solta por esta casa.

- Pobres crianças que buscam ferir meu coração com suas flechas, mal sabem... - retrucou Liandra, rindo discretamente e fitando Thomas com ternura.

Tais palavras calavam fundo no coração de Thomas. Seus olhos brilhavam e seu coração voltara a bater descompassadamente, tal como o de um adolescente apaixonado.

Divertiram-se muito e se alegraram com a situação. Todos aprovavam aquela aproximação mais íntima e, de forma discreta, estavam incentivando-os.

O jantar transcorreu na mais absoluta concordância com os objetivos traçados pela criadagem. Após terem sido servidos os licores e as sobremesas, Vitor, o mordomo, sentou-se ao piano e executou uma série de peças musicais belas e sugestivas, que acabaram induzindo os dois à dança.

Vitor tinha sensibilidade emocional apurada e buscava, o mais discretamente possível, certificar-se das reações que suas peças musicais provocavam. Não tardou a executar músicas mais românticas que o normal para tais ocasiões. Como não houve reprovação por parte dos patrões, seguiu a noite tocando.

Estes, por sua vez, não se fizeram de rogados e, aos poucos, aproximaram seus corpos a ponto de sentirem o coração um do outro batendo fortemente e a respiração bem próxima. Os dois trocaram olhares apaixonados e sorrisos maliciosos, até que, não suportando mais, com os olhos fixos um no outro, Thomas aproximou seus lábios dos de Liandra que, cerrando suavemente os olhos, correspondeu-lhe. Ambos finalmente abandonaram os pudores e se entregaram um ao outro.

Vitor, que presenciara a cena, não se conteve e deixou que uma lágrima de emoção escapasse de seus olhos. Sentiu-se realizado!

Depois disso, pouco dançaram.

Os olhares trocados diziam tudo, ambos não suportavam mais aquela situação. Decididos a consumar aquele amor, trocaram discreto sinal. Thomas declarou em alto e bom tom:

- Querida Liandra! A noite já está por demais avançada, penso que me deliciei além da conta com os licores e sinto que é hora de nos recolhermos. Meu caro Vitor! Excelente! Em nosso nome, agradeça a todos pela maravilhosa noite. Vou acompanhar a senhora Liandra até seus aposentos e me recolher em seguida.

- Eu que lhes agradeço, senhores, em nome de todos. Sentimo-nos muito gratos em vê-los felizes, em paz e tranquilos. Tenha uma boa noite, meu senhor e senhora! - respondeu Vitor, com a certeza íntima de que os dois, ainda naquela noite, se fariam um só. Comemorava intimamente a possibilidade com sincera alegria.

A moça dispensou os cuidados da ama e os dois subiram, deixando subentendido que cada um seguiria para o seu aposento, mas, em vez de Thomas acompanhar Liandra aos aposentos dela, ele interrompeu o trajeto diante da porta de seu próprio quarto, retendo a mão dela e puxando-a docemente para dentro, ao que ela não ofereceu resistência alguma.

Assim consumara-se, naquela mesma noite, o amor de Thomas e Liandra.

Contudo, o "destino" toma mais um de seus enigmáticos rumos. Por se acreditar infértil, Liandra não tomou nenhum cuidado, nem mesmo se preocupou com tal possibilidade, e engravidou de Thomas na sua primeira noite de amor, assim como Suzanne engravidara de Petrus.

E, como se não bastasse que duas crianças estivessem vindo ao mundo em circunstâncias tão especiais e inusitadas, ambas foram concebidas com cerca de quatro meses de diferença.

Novas peças da vida

Passado um ano e alguns meses, Petrus refazia-se e recobrava o controle sobre si mesmo.

Um dia, graças aos incansáveis cuidados daquela estranha senhora, ele recobrou parte de sua memória e, estando fisicamente perfeito, demorou algumas horas para concatenar alguns dos fatos vividos nos últimos quinze meses.

Assim que conseguiu se posicionar, identificou-se à família que o acolheu e socorreu, contando-lhes tudo o que se recordava sobre o que ocorrera no hospital de campanha por ocasião do ataque, sua luta corporal com o tenente Aldo, de quem ignorava o destino, e como, a partir disso, pouco ou nada mais se recordava, retendo na memória apenas os últimos tempos em que lá esteve, sendo cuidado por aquela senhora e sua família.

Pediu orientações de onde estava e onde se localizava o quartel militar mais próximo. Agradeceu a todos e partiu.

Depois de quase um dia de viagem, chegou ao quartel que lhe foi indicado e solicitou ser apresentado ao comandante da Corporação.

Como demonstrava estar a par de todo o procedimento militar, e sua própria postura o denunciava como tal, seu pedido foi levado ao comandante, que solicitou sua presença.

Ele relatou tudo o que se recordava, e o militar, profundamente impressionado com a história, deu a Petrus o benefício da dúvida. Como estavam em tempos de guerra e Petrus denunciava ser de origem alemã, ordenou que ele fosse recolhido a um alojamento especial, e que dois soldados o vigiassem.

Em seguida, enviaram uma mensagem ao Q.G. de Paris, onde relatavam o caso e solicitavam instruções para a confirmação de sua identidade.

O comando geral deliberou que o enviassem ao seu quartel de origem, apesar de ter sido dado como morto. Chegando lá, o primeiro a vê-lo foi o agora subtenente Heriot, que imediatamente o reconheceu e chorou de alegria por encontrá-lo vivo e saudável, pois sempre lhe dedicou profundo respeito e afeto.

Petrus, acompanhado por Heriot, seguiu até a sala do comandante e lhes contou tudo o que se recordava daquele dia fatídico em que o hospital de campanha foi atacado. Sua história deixou todos perplexos, e seu retorno foi motivo de efusivas comemorações.

Petrus foi homenageado e recebeu todo seu soldo acumulado naquele período em que esteve incapacitado, acrescido de um prêmio do mesmo montante.

Ao todo eram duas pequenas sacolas de dinheiro. Foi condecorado por sua lealdade e serviços prestados e licenciado por três meses para que pudesse recolocar sua vida em ordem.

Resolvidas as questões legais para prosseguir seu retorno, providenciou para que a família que o acolhera e o cuidara recebesse uma generosa recompensa financeira. Em seguida, ele enviou um mensageiro para comunicar ao hospital de campanha em que trabalhara e à sua família que ele estava vivo e se dirigindo para sua casa.

Thomas e Liandra estavam juntos quando um soldado, ignorando totalmente o drama que ali estava se instalando, procurou Liandra e deu a notícia, apresentando todos os documentos comprobatórios e afirmando que o doutor Petrus Viert estava vivo e retornando ao lar!

De pronto, ambos exultaram, choraram de alegria, mas repentinamente veio o espanto e o temor. E agora, o que fariam?

Enorme constrangimento envolveu o casal. O retorno de Petrus, por um lado, era uma bênção divina, mas, por outro, a destruição de todos os sonhos que eles haviam construído. E o bebê? Como fariam para equacionar as coisas e solucionar o problema que surgia com todos aqueles fatores?

Antes de permitir que Petrus seguisse para sua casa, o comandante ordenou que ele se apresentasse ao hospital de campanha para que fosse examinado pelos médicos, com o intuito de se certificarem de seu bom estado de saúde. Uma vez lá, ele perguntou por Suzanne, e foi informado de que ela já não estava ali havia vários meses, posto ter engravidado, partindo para uma cidade próxima.

Ante a notícia da gravidez, Petrus entrou em profunda cisma, a qual foi interpretada pela enfermeira como pesar pela perda de tão eficiente e querida profissional.

Mas o médico sentia que era, na verdade, o pai da criança que Suzanne havia dado à luz. Lembrara-se de suas suspeitas quanto aos ciclos naturais que nela não notara nos dois meses em que conviveram.

A notícia o perturbou profundamente, e seus inimigos invisíveis não perderam a oportunidade e passaram a incutir-lhe vários pensamentos negativos, que, por sua invigilância e fragilidade psíquica, correram soltos por sua mente, encontrando ali campo fértil.

"Como ela pôde? Sendo enfermeira, ela sabia como evitar isso! Ela queria me tirar de minha querida Liandra, é isso! Só pode ser... Queria destruir meu casamento, mentiu para mim quando disse que não desejava formar uma família. Sabe-me rico! Queria apoderar-se de parte de minha fortuna! Será isso? Só pode ser... Por quê? Meu

Deus! Por que Liandra não engravidou, mas sim Suzanne? Em que espécie de armadilha terei caído? Mas serei eu mesmo o pai? Não posso deixar isso para depois, tenho de saber a verdade."

Como a cidade em que ela estava se situava relativamente no caminho da propriedade dele, acompanhado por Heriot, que foi redesignado à intendência de Petrus, ele seguiu à procura de Suzanne, com o coração profundamente perturbado, cheio de mágoa, rancor, desconfiança e intolerância.

Alimentava dentro de si toda a sorte de sentimentos negativos e rancorosos, não esboçando, em momento algum, nenhuma reação contrária. Na verdade, deixava-se levar pelo negativismo que o dominava e crescia a cada minuto. Seus perseguidores exultavam!

Quanto a mim, por maiores que fossem meus esforços, Petrus entregava-se franca e abertamente ao desequilíbrio, mostrando-se totalmente refratário a qualquer influenciação positiva de minha parte.

Com alguma dificuldade, ele descobriu o paradeiro de Suzanne, encontrando-a com um rebento de poucos meses nos braços.

Sentiu-se chocado ao ver a criança que, sem sombra de dúvidas, era sua, pois, apesar da tez infantil, trazia nítidos seus próprios traços fisionômicos, tão particulares e incomuns na região. Não havia dúvida, o menino era seu. Os olhos, os cabelos e os traços eram iguais.

Ao vê-lo, Suzanne entrou em choque, empalideceu e não conseguiu esboçar a menor reação ao saber que aquele a quem amara e dera por morto estava, depois de tanto tempo, diante dela e vivo!

Depois de alguns segundos, a enfermeira explodiu de felicidade e, chorando, correu em direção a Petrus com o menino no colo:

– Petrus, meu amor! Você está vivo, vivo!

De imediato, ele empertigou o corpo e recuou com uma expressão de profunda gravidade e repulsa, evidenciando que não permitiria contato físico.

– Meu amor, o que há? – questionou Suzanne, aturdida com sua atitude.

– Como ousou? – inquiriu friamente Petrus. – Como pôde agir assim tão falsamente comigo, pretendendo me reter dessa forma tão covarde? Gerando um filho!

– Mas, meu amor, não...

– Silêncio! Cale-se para o seu próprio bem, ou não conterei meus impulsos, e vou lhe dar o que merece! – vociferou ele com os dedos a acariciar o coldre de sua arma.

Suzanne, estarrecida e sem reação, deixou que silenciosas, amargas e abundantes lágrimas corressem por sua face. Os inimigos invisíveis promoviam um festim bárbaro, estavam triunfantes de alegria pela destruição dos sonhos de Suzanne e pelo sucesso na intensificação das más tendências de Petrus.

– Guarde suas lágrimas! Guarde sua vilania e falsidade. Não conseguirá me iludir mais uma vez.

Ele estava tão absorto em seu conceito de honra, ao qual dava tanto valor, deturpando-o sob a ação de seu egoísmo; tão preocupado em preservar a própria imagem, receoso de que o fato viesse à tona e prejudicasse seu casamento e sua carreira, que não deu a menor chance de defesa à Suzanne.

Seus algozes invisíveis, aproveitando-se da sua fraqueza moral, dominaram-lhe os pensamentos e ele nem se deu ao trabalho de analisar e refletir, como fazia em situações extremas.

Perdeu seus conceitos de honra, perdeu a si mesmo.

– De mim terá apenas isso, para que não diga que sou injusto e a abandonei – disse, lançando nos pés de Suzanne uma das sacolas com o dinheiro que recebera. – Eis aí o que lhe compete, tem o suficiente para viver bem e garantir o conforto deste bastardo que carrega no colo. E não ouse me procurar! Jamais!

E, dando as costas, retirou-se do humilde quarto de Suzanne deixando-a às lágrimas, sem ter a menor compreensão do que ocorrera. Os inimigos invisíveis de Petrus exultavam com o sucesso de suas investidas e planejaram novas ações para destruir sua vida.

Todos esses tristes fatos tiveram apenas Heriot por testemunha.

No caminho do solar, Petrus e Heriot seguiram em absoluto silêncio. Heriot, homem extremamente religioso, orava o tempo todo pelo amigo. Ficara espantado com a atitude que ele teve com Suzanne, não reconhecia aquelas atitudes e reações, totalmente incompatíveis com aquele homem que ele conhecia tão bem.

Atribuiu esses acontecimentos a sequelas ou consequências do estresse de seus ferimentos, conclusão esta parcialmente acertada, pois Petrus se tornara joguete de seus inimigos invisíveis por um longo período, e seu restabelecimento espiritual não se dera tão efetivamente quanto o físico.

Isso, entretanto, não o isentava de sua responsabilidade, pois não se dera ao trabalho de buscar amparo no Mais Alto, apoio divino para aquele momento crítico. Contudo, as orações de Heriot exerceram profunda influência sobre Petrus e seus algozes.

Graças a seu próprio merecimento e fé, Heriot teve suas rogativas atendidas. Dele irradiaram luzes que envolveram os algozes do médico sem que eles se dessem conta. Estavam tão concentrados na tarefa de incutir pensamentos negativos na mente de Petrus que não perceberam que, aos poucos, foram envolvidos por essas luzes, que tiveram efeito anestésico gradativo sobre eles, lançando-os em um sono profundo. Em seguida, espíritos de luz em prontidão, que lá chegaram para atender às preces de Heriot e o meu próprio chamamento, recolheram os infelizes irmãos, conduzindo-os para sua própria redenção.

Como todos os meus esforços no sentido de auxiliar Petrus ou de coibir a influência de seus perseguidores mostraram-se infrutíferos, busquei explicação com os maiores e fui informado de que o sucesso inconsciente de Heriot ocorrera não só por sua fé, seu merecimento ou por seu amor a Petrus, mas também porque os algozes do médico, por estarem em um nível vibratório muito baixo, demasiadamente ligados à matéria, eram mais suscetíveis às energias próprias e densas de Heriot, que refinadas e orientadas corretamente, em seu estado de prece, passaram a sedar as infelizes criaturas ligadas a Petrus por meio do desejo de vingança.

Nesse momento, vendo que Petrus se sentia sonolento e liberto de seus algozes, mesmo que provavelmente por pouco tempo, passei a influenciá-lo positivamente, transmitindo-lhe, também, pensamentos e ideias, de forma a conduzi-lo a uma análise racional de suas últimas ações com Suzanne.

Não tardou para que, em seu coração, brotasse o arrependimento, ao julgar acertadamente que agira irracionalmente, sem sequer lhe ter dado a oportunidade de se manifestar. Assim, ele guardou a intenção de que na primeira oportunidade iria procurá-la e tentaria reparar seus erros.

Em silêncio, na carruagem, Petrus mal conseguia encarar Heriot, sentindo-se profundamente envergonhado e constrangido por sua atitude.

O RETORNO AO LAR

Thomas e Liandra aturdidos, sentindo-se profundamente embaraçados e culpados por um erro que não tinham cometido conscientemente, querendo restituir um estado de coisas para preservar Petrus dos fatos que se desenrolaram na sua ausência, tomaram uma decisão.

Por amor a Petrus, abririam mão de si mesmos e procurariam viver na condição anterior, de amarem-se sem se pertencer. E, desde que a notícia chegou, eles não mais tiveram coragem de se entregar um ao outro.

Reuniram os poucos empregados. Os de menor importância e que não tinham laços afetivos com a família foram demitidos, receberam regiamente por seu silêncio e foram orientados para que desaparecessem, sendo até ameaçados veladamente por Thomas para que nunca abrissem a boca a respeito do que acontecera ali.

Os mais intimamente ligados à família também foram regiamente pagos para manter o silêncio, o que, na verdade, nem seria necessário, devido ao profundo senso de fidelidade, admiração e amor que os movia. Tudo foi combinado para que, dali em diante, o filho que Liandra carregava nos braços fosse considerado filho de Petrus.

Para justificar o tamanho da criança e seu pouco desenvolvimento, alegariam que era uma criança de saúde problemática, que só recentemente tinha se equilibrado. Também combinaram que a criança teria pouco mais de seis meses de idade, para que a data de concepção coincidisse, aproximadamente, com a época em que se dera o desaparecimento de Petrus.

No solar, ele foi recebido em um clima de alegria e constrangimento. Thomas e Liandra esforçaram-se ao máximo para disfarçar o mal-estar.

Assim que desceu da carruagem, Petrus e Liandra se abraçaram longamente, pranteando, e ambos o faziam em um misto de alegria e dor, cada um guardando seus próprios segredos e constrangimentos.

Em seguida, o médico se dirigiu ao irmão e, com a mesma afetividade, o abraçou. Ambos estavam emocionados. Toda a criadagem estava presente para receber o patrão, que apareceu qual fênix, ressurgindo das cinzas.

Liandra, buscando força interior, profundamente angustiada com o papel que teria de representar, com um sorriso algo forçado, meio sem jeito e em silêncio, tomou Petrus pela mão e o conduziu até um quarto, onde repousava o pequeno Henrique.

- Veja, meu amor, eis aí seu filho: Henrique!

Petrus, que até então nada sabia a respeito da criança, esbugalhou os olhos espantado. Permaneceu por alguns segundos fitando o bebê, cuja semelhança com o filho de Suzanne era assombrosa.

Sentiu o mundo rodar à sua volta e teve de fazer imenso esforço para não ruir. Expressando com o olhar dezenas de questões, fitou Liandra, que lhe explicou:

- Seu filho foi concebido na última vez em que nós estivemos juntos, um pouco antes de você ter sido dado como morto.

Ele, imediatamente, julgou que o problema que o impedia de gerar filhos deixara de existir naquela época. Dessa forma, quase simultaneamente gerara dois filhos, com mulheres diferentes. Intimamente, sentiu aumentar o peso de sua culpa em relação a Suzanne, pois também era dele a responsabilidade de prevenção, responsabilidade da qual se alienou totalmente, incutindo-a apenas a amante.

- Petrus, meu amor! Por que está assim tão pensativo? Não era esse o tesouro pelo qual aguardamos tanto tempo? - inquiriu Liandra, com receio de que ele estivesse desconfiando de algo.

Para disfarçar sua reação ante os pensamentos de culpa que o assolaram, Petrus imediatamente abriu um sorriso amplo, abraçou Liandra e agradeceu-lhe pelo pequeno rebento, chorando copiosamente.

Thomas, para dar veracidade ao plano apresentado, conseguiu alterar a data de nascimento e a paternidade da criança nos documentos. Assim, as duas crianças tinham oficialmente quase a mesma idade.

Petrus pediu sua baixa do Exército e passou a se dedicar apenas à propriedade, sendo acompanhado por seu grande amigo Heriot, que começou a exercer a função de secretário particular.

Thomas e Liandra, sentindo a impossibilidade da continuação da convivência devido ao enorme amor que persistia entre eles, e o que reinava entre todos ali, decidiram se separar de vez. Thomas voltou para a Áustria.

Petrus protestou, mas Thomas alegou que o pai estava com a idade muito avançada e precisava de amparo, o que, sem saber, era exatamente o que estava ocorrendo.

Mais conflitos

Passaram-se dois anos sem que Petrus tivesse realmente levado a efeito sua intenção de procurar Suzanne, um pouco por se sentir envergonhado, mas, principalmente, e pela primeira vez na sua vida, por medo. Medo de encarar as consequências de seus próprios atos e, desculpando-se sistematicamente, foi protelando até quase se esquecer do compromisso que havia assumido consigo mesmo. Anestesiara voluntariamente sua consciência.

Em uma tarde de verão, uma carruagem chegou ao solar Viert. Thomas retornava sem aviso.

Considerando que Petrus e o pai ainda estavam em desentendimento, e conhecendo o orgulho do irmão, ele decidiu procurá-lo pessoalmente, pois a situação era de real gravidade e urgência. O pai deles, Half Viert, estava gravemente doente, acometido de tuberculose, que o fustigava havia mais de um ano de forma violenta, sendo que todos os recursos da época se mostravam infrutíferos no combate à doença.

Sem saber do que se tratava, Petrus foi chamado por seu capataz e apressou-se em direção ao solar, onde encontrou Thomas com Henrique no colo, na biblioteca, em companhia de Liandra, ambos confabulando tranquilamente. Nada suspeitara das palavras de amor e de consolo que um dirigia ao outro nem do extremado carinho temperado com angustiosa dor que Thomas dedicava a Henrique.

Thomas entregou o pequeno Henrique a Liandra, abraçando-o.

- Thomas! Que alegria! Que bons ventos o trazem até nós?

Segurando Petrus pelos ombros, com um olhar firme, ele respondeu:

- Infelizmente, meu irmão, esses ventos não são elísios!

- Mas diga-me logo, o que está havendo? - perguntou preocupado.

- É nosso pai. Está muito doente e precisa de você!

Petrus avaliou que, se o irmão se deslocara de tão longe, isso evidenciava a real gravidade da situação, e resistiu ao primeiro impulso de negar-se a visitar o pai. Apenas se calou e ouviu:

– Ele contraiu tuberculose, e todos os tratamentos conhecidos pelos médicos austríacos estão se mostrando ineficazes, a doença avança a passos largos, temo pelo pior!

Após uma pausa proposital para que Petrus assimilasse a informação, continuou:

– Meu irmão, não se furte a sua obrigação filial! Venha comigo, retornemos à casa paterna e você, como médico... – continuou se expressando meio sem jeito – talvez se reconcilie com ele e, quem sabe, isso represente um quadro de positividade necessária à sua recuperação?

Diante dos argumentos do irmão, Petrus sentiu-se sem ação, não havia nenhuma apelação possível diante daquela lógica. Meditou durante alguns instantes e decidiu:

– Está certo, Thomas. – E, abraçando-o com um sorriso sincero, continuou: – Retornaremos à casa paterna; reconheço minha infantilidade e vou lhe pedir perdão. Farei de tudo para que esse terrível transe termine de forma feliz.

Thomas, abrindo um grande sorriso de satisfação, certo de que fora bem mais fácil demover seu irmão de seus melindres do que imaginara, disse-lhe:

– Que alegria, meu irmão! Sabia que seu generoso e amoroso coração não iria lhe permitir diferente resolução!

– Tomaremos providências na propriedade e partiremos o mais breve possível – completou Petrus.

Na casa paterna, os irmãos encontraram o pai realmente muito debilitado.

Cheio de sinceridade, Petrus se desculpou por tê-lo abandonado. O pai, pleno de felicidade por rever seu filho mais velho de volta após tantos anos, e acompanhado por sua linda esposa e filho, impediu que ele se estendesse nas desculpas. Sentindo-se culpado também, rogou-lhe perdão.

Disse-lhe o quanto havia sofrido quando foi notificado da morte que não acontecera. Como a vida para ele perdera o brilho diante daquele fato, e como se sentira venturoso em saber que tinha um neto e que seu filho milagrosamente havia ressurgido das sombras da morte.

Thomas a tudo assistiu algo receoso, pois seu pai, eventualmente, sofria de crises febris, nas quais tendia a delirar e a confundir as pessoas e os fatos. Sua preocupação residia no fato de que o havia colocado a par dos dramas que se desenrolaram no solar Viert entre ele e Liandra, por ocasião da inverídica morte de Petrus.

Seus receios não eram vãos.

Passou um ano e meio desde que se travara uma luta inglória contra a tuberculose do velho Half Viert. O mal se agravou de forma irreversível. Petrus comunicou à família que era questão de horas para que o patriarca da família deixasse este mundo.

Sentindo que a morte se avizinhava, acometido de uma forte e violenta febre, Half pediu a Thomas a presença do neto, e não se deu conta de que Petrus e

Liandra também se fizeram presentes, porém ocultos aos seus olhos.

Ardendo em febre, pediu para o menino subir na cama, acariciou-lhe a cabeça com extremo carinho e, fitando Thomas, disse-lhe com dificuldade:

– Veja como é lindo seu filho, veja a beleza desse menino, guarde-o como o maior tesouro de sua vida!

Até este ponto, Petrus achou que a febre levara seu pai ao delírio, fazendo-o trocar suas personalidades, mas, antes que pudesse se expressar a respeito, seu pai continuou:

– ...e como o maior tesouro dessa sua vida, guarde o segredo da paternidade desse menino, jamais permita que Petrus saiba da verdade.

Thomas sentiu sua espinha gelar, seu corpo paralisou e ele não conseguiu esboçar nenhuma reação. Apenas permaneceu ali, de olhos arregalados, a fitar seu já agonizante pai.

Liandra sentia o mundo girar à sua volta e somente à custa de muito esforço conseguiu manter-se em pé e com seus sentidos alertas.

Petrus recebera aquelas palavras como o impacto de uma bomba. Nada dissera, nada fizera, nem mesmo conseguia raciocinar direito.

Apenas permaneceu ali, impassível, observando os últimos momentos de seu pai que, inocente à guisa da criança que lhe recebia os últimos afagos, ingenuamente trouxe à luz um segredo cuja gravidade poderia acarretar consequências funestas para a família, dado o temperamento de Petrus.

Depois disso, o velho Half Viert deu seu último suspiro e desencarnou sem saber que revelara tão terrível segredo.

Ninguém proferiu uma palavra sequer. O assunto ficou suspenso; todos choraram a morte do patriarca. E, talvez, não fosse a visão um tanto quanto mórbida, não havia momento mais adequado para o seu desencarne. A dor de sua perda levou todos a uma condição de silêncio íntimo, que deu o necessário tempo aos envolvidos para assimilarem a nova situação em que as relações dos integrantes daquela família se lançara.

Petrus, sob intensa influência de seus algozes, buscava a todo o custo equilibrar-se, pois se sentia cansado de tanto cometer erros.

Fizera - sob forte impulso de minha magnetização, dessa vez possível, pois sua postura agora era bem diversa - uma reavaliação de todos os fatos e de si mesmo. Chegara, inclusive, à conclusão de que, se Henrique, a quem amava intensamente, não havia por ele sido gerado no ventre de Liandra, mas por Thomas, então duas alternativas restavam: ou eles o haviam traído e se envolveram enquanto ele ainda mantinha convívio com eles ou se envolveram inocentemente após a sua pseudomorte e daí se deu a concepção de Henrique.

Neste último caso, então, por que Henrique tinha a mesma idade de seu filho com Suzanne? Teriam eles se envolvido amorosamente e o traído? Já nutriam sentimentos entre si? Seria essa a causa das estranhas reservas que Liandra demonstrava em relação a Thomas diante dele? Muitas questões ferviam-lhe no cérebro, mas, para minha satisfação, ele estava firmemente decidido a agir de forma diferente desta vez.

Suzanne! Relembrara de Suzanne... Havia se comprometido consigo mesmo a procurá-la e corrigir a injustiça que cometera. Via-se novamente diante de sua própria culpa.

Ajuizara que pelo bem da justiça e da verdade, por enquanto, nada especularia a respeito de Thomas e Liandra. Resolveria primeiro suas próprias pendências com Suzanne, pois sentia que, se por um lado Thomas e Liandra pudessem ter cometido um erro terrível, ele próprio estava certo de ter cometido vários outros bem maiores antes deles. Cabia a ele dar os primeiros passos no sentido de elucidar tudo, esclarecer e corrigir.

Seus perseguidores invisíveis não podiam crer em como Petrus estava tão refratário às suas influências e buscavam, desesperadamente, reverter o quadro. Em vão!

Dentre as qualidades de Petrus, uma das que se destacavam era sua obstinação por justiça e honra. Dois dias depois do sepultamento do velho patriarca, ainda reinava um silêncio absoluto naquela casa. Cada qual comunicava o estritamente necessário, o mais resumidamente possível, a comunicação era monossilábica. A única voz que se ouvia ali era a de uma criança inocente amada por todos. Petrus, mesmo sabendo não se tratar de seu filho, tinha pela criança um amor intenso, não conseguia vincular Henrique a nenhum sentimento negativo.

Entretanto, sentia seu orgulho ferido e já não dedicava à criança o mesmo carinho que dedicara até então, pois sua mente fervia diante dos fatos.

Sem ter tomado atitude nenhuma até aquele momento, sem esclarecer o porquê, decidiu retornar ao solar, na França, e exigiu que Thomas os acompanhasse. Liandra tentou conversar algumas vezes, mas ele não permitiu, e proibiu ambos de tocar no assunto.

Apesar de sentir profundo amor por Liandra, imensa atração por sua pessoa, ele não mais a amou como homem, susteve o seu amor apenas em seu coração e não mais em seus atos.

"Mea-culpa"

Retornaram à propriedade, e Petrus passou instruções claras a todos. Faria uma pequena viagem e retornaria em breve.

Olhou intensamente para os dois, que, considerando-se inocentes, mantiveram seus olhos fixos nos dele. Isso, de certa forma, aturdia o médico, pois ansiava encontrar culpa nos olhos deles, sentia-se agoniado diante da possibilidade de ser ele mesmo o único em falta.

Entretanto, não exigiu explicações, vivia um conflito interno entre o orgulho e a verdadeira honra. Honra de um homem de bem, cujo verdadeiro objetivo era apenas encontrar a justiça, buscar por ela, sabendo esperar o momento certo para agir apropriadamente.

Agora, sob a influência de apenas dois dos algozes vingativos que buscavam prejudicá-lo de todas as formas, muitas vezes ele alisava sua pistola. Contudo, sabendo conter seus instintos inferiores, nunca passou disso e, uma vez dando-se conta de seus maus pensamentos, repelia-os veementemente, não sem se sentir envergonhado e perplexo com tais cogitações.

Os perseguidores invisíveis - que repeliram todas as orientações recebidas dos espíritos que os retiraram da presença de Petrus, por ocasião da intervenção das preces de Heriot – retornaram dias depois à sua presença, porém, graças à firme convicção de Petrus, de não mais querer errar, viam seus intentos totalmente frustrados.

Por outro lado, caso se dedicasse às questões religiosas, talvez conseguisse exercer sobre eles positiva influência, que, futuramente, poderia demovê-los da vingança.

Acompanhado, como sempre o fazia, por Heriot, ele seguiu à procura de Suzanne, sua ex-amante e seu filho.

Chegando à cidade em que Suzanne morava, soube que ela havia se mudado, mais ou menos à época em que esteve com ela, quando teve recobrada a memória. Contudo, em poucos dias descobriu seu novo paradeiro.

Ela havia adquirido pequena propriedade rural e vivia da criação de cabras e da produção de queijo. Ele se dirigiu à propriedade indicada e, lá chegando, aproximou-se da humilde sede do pequeno sítio e bateu à porta.

Silêncio absoluto.

Sentiu impulso de desistir, mas deteve-se e insistiu, batendo à porta mais vigorosamente.

- Quem bate?

Reconhecendo a voz de Suzanne alterada, percebeu que suas palavras eram articuladas com dificuldade.

- Sou eu, Petrus!

Momentos de expectativa se passaram em silêncio profundo, apenas os sons da natureza lhe chegavam aos ouvidos. De dentro da casa, apenas o silêncio.

Não se conteve e insistiu:

- Suzanne, preciso muito lhe falar. Muito mesmo, é importante!

O silêncio persistiu por alguns longos e intermináveis segundos até que Suzanne lhe respondeu rispidamente:

- Nada tenho a falar com você, mas, já que veio de tão longe, entre...

Petrus entrou. Heriot permaneceu na porta, aguardando seu patrão e amigo. Orava fervorosamente pelo restabelecimento da paz na vida de ambos.

Profundo espanto se apossou de Petrus, assim que pôde distinguir a figura de Suzanne na penumbra, tão diferente do que era num passado pouco distante. Magra, abatida, com expressão de dor contida, com o ventre dilatado em certa parte, o que denunciava que um tumor a estava corroendo.

Suzanne não tivera estabilidade emocional necessária para lidar com sua situação e, apesar de viver relativamente bem no campo material, pois soubera investir adequadamente o dinheiro que Petrus tão odiosamente lhe atirara aos pés, havia cultivado dentro de si uma mágoa e um rancor tão grandes por ele, que tais sentimentos, unidos às suas tendências, cristalizaram-se, culminando em um câncer.

Suzanne foi posta à prova para se corrigir perante a Lei Maior e a si mesma, de forma a liquidar, por meio do amor, expresso no perdão às ofensas recebidas, seus débitos passados contraídos em existência precedente. Na ocasião, possuíra posição de poder temporal da qual abusou, humilhando e desprezando os sentimentos de muitos que por ela se apaixonaram, vítimas de uma rede de sedução e intrigas que ela mesma armara no sentido da conquistar o poder a qualquer custo.

Reagindo de forma tão incompreensiva às agressões recebidas de Petrus, sem cultivar o perdão em seu coração, sem julgá-lo com a medida da tolerância e compreensão, perdeu a oportunidade de restaurar seus desequilíbrios com a Lei por meio do amor, não restando nada além das dolorosas consequências do cultivo de seu negativismo, refletido, cristalizado e materializado nela mesma.

Quanto a Petrus, este buscava se reparar de pronto, queria restaurar a harmonia em sua vida.

- Veio se satisfazer com meu terrível fim? - alfinetou Suzanne, demonstrando em sua face que sofria dores atrozes.

- Não, Suzanne! Vim me redimir. Reconheço meus erros, sei que não lhe dei nem sequer a chance de se defender de minhas desvairadas acusações. Vim para tentar desfazer o mal que lhe fiz e, quiçá, receber o seu perdão.

– Perdão? – sentenciou Suzanne com a voz rouca e lúgubre. – Como ousa?! Está louco, veja o que me fez! Como poderia eu perdoar aquele que, por egoísmo e covardia, teve a insensatez de me acusar sordidamente. E pior: abandonado o sangue de seu próprio sangue? Acaso se esqueceu que teve um filho comigo?

Com o coração esmagado pelo remorso, contendo as lágrimas de dor e vergonha, que teimavam em querer brotar-lhe dos olhos, Petrus, humilhado, retrucou:

– Sei que para mim não existe defesa e que fui covarde, Suzanne! Mesmo assim, deve haver uma forma de me redimir com você. Será possível, meu Pai – transformando então seu diálogo em prece por socorro, coisa que jamais fizera em toda a sua vida –, que não exista uma forma de eu reparar meus erros?

Naquele exato momento, a porta do casebre se abriu e seu filho apareceu.

Petrus ficou abismado, perdeu a respiração e a fala. Sentiu seu coração parar. Aquela criança que assim surgia na sua frente convenceria qualquer um que a visse que se tratava do irmão gêmeo de Henrique, o filho de Thomas com Liandra.

A semelhança entre ambos era impressionante. Mais uma vez, o destino estava lhe pregando uma peça. Se colocados lado a lado, seria difícil dizer quem era quem, não fosse a diferença do corte de cabelo.

Suzanne, em um acesso de indignação, disse ao pequeno Gustavo, com uma forte entonação de sarcasmo:

- Veja, Gustavo, este homem é seu pai! Vá até ele, meu filho, peça-lhe a bênção!

Petrus, ainda sob o impacto que o menino lhe causara, não esboçou nenhuma reação. Gustavo se aproximou dele e, obediente à mãe, tomou-lhe a destra entre suas pequenas mãozinhas, beijando-lhe as costas da mão e, com duas pequenas lágrimas correndo por seu rostinho, feliz por finalmente conhecer o pai, disse:

- Sua bênção, papai!

Petrus não suportou. Desabou de joelhos e, abraçando Gustavo, aos prantos implorou:

- Gustavo, meu filho, perdoe-me. Perdoe-me, meu filho, por favor, jamais vou deixá-lo novamente. Juro fazê-lo feliz, meu filho, perdoe-me...

Ambos permaneceram ali abraçados, chorando lágrimas de redenção, lágrimas quentes, cheias de amor que lhes lavava a alma.

Suzanne, que em silêncio a tudo assistia, vendo aquele homem que tanto amara implorando o perdão do filho, sentiu algo diferente acontecendo em seu íntimo.

Sobre eles se derramavam as bênçãos do Mais Alto, e aquela humilde casa se iluminou com esplendorosos raios safirínicos, dourados e prateados, em todas as direções. A bênção do arrependimento, do perdão e do amor se via em todos os corações que ali estavam. Todos os protetores espirituais se colocaram em prece de agradecimento ao Senhor, e pode-se ouvir suave melodia, qual coro angelical envolvendo o ambiente.

Passados alguns poucos minutos, Petrus, abraçado ao filho, olhou para Suzanne e disse:

- Eu não ouso mais pedir seu perdão, Suzanne, pois sei que para o crime que cometi não há como obter o perdão...

Ela, em um esforço supremo, conseguiu se sentar e, tomada pelas lágrimas, totalmente modificada em seu íntimo, disse:

- Não carregue mais essa culpa, eu não o condeno, Petrus, meu amor! Deixo este mundo feliz, pois agora tenho certeza de que Gustavo, nosso filho, está amparado. - E, sentindo-se constrangida, continuou: - Eu é que lhe peço perdão por ter lhe odiado durante todos esses anos. Você pode me perdoar, Petrus? - rogou em pranto convulsivo.

- Suzanne, minha querida, como me dói encontrá-la assim! Se me odiou foi porque lhe dei motivos! Tornei-me um insano, e agora me pergunto como poderei reparar minhas faltas!

- Suas faltas não teriam sido cometidas, Petrus, se delas eu não tivesse participado desde o princípio. E paguei o preço por essas faltas quando recebi de você a incompreensão, naquele dia em que retornou do vale dos mortos.

Petrus chorava convulsivamente ao ouvir as palavras de Suzanne, que agia fortemente influenciada por Sasha, seu tutor espiritual, cujas benéficas influências só foram possíveis graças ao fato de ela realmente estar propensa a perdoá-lo.

- De minha parte, meu amor, se desde aquele dia eu tivesse reconhecido meus erros e recebido suas palavras e gestos como corretivos necessários às minhas tendências viciosas, nas quais me recusava a constituir uma família, seguindo em busca apenas da satisfação de meus sentidos físicos, ante a segurança de um homem já comprometido na vida a dois, se não tivesse cultivado o egoísmo e a autopiedade, por meio dos piores sentimentos a que uma pessoa pode se entregar com afinco e intensidade, o ódio e o rancor, agora não estaria, meu querido, com todos esses sentimentos cobrando seu preço em minhas entranhas.

E, apontando com o olhar o tumor que lhe corroía o ventre, completou:

- Este não é senão o filho de minha insensatez, cujo nome é "consequência"...

Sua tez se iluminou aos olhos de Petrus, que, com o pranto já controlado, tomou-lhe o rosto entre as mãos e, profundamente admirado com suas palavras e sua lucidez, osculou-lhe a fronte com extrema ternura e carinho.

Então, os três se abraçaram e choraram muito. A casa se iluminou ainda mais e os anjos cantaram ali, em regozijo pelas bênçãos divinas de paz e amor.

Suzanne, após se acalmar, dirigiu-se a Gustavo, que recentemente completara cinco anos de idade, e disse:

- Filho meu, esse é seu pai. Mamãe vai para o céu. Vou para junto de Deus, meu filho, e eu quero que você fique com seu pai e cuide dele para mim. Você promete para a mamãe?

O pequeno Gustavo, inseguro quanto ao verdadeiro significado daquelas palavras, perguntou à querida mãe:

- Mamãe, quando você vai voltar do céu?

- Meu amor, mamãe não poderá mais voltar, meu corpo está muito doente.

- Então eu nunca mais vou ver você?

- Oh, meu querido filho, você sempre me verá, estarei sempre em seu coração, meu amor! Não fique triste, você tem o dom maravilhoso que Deus lhe deu, e se Ele permitir estarei perto de você, mas você sabe como, meu filho... - ela se referia ao dom mediúnico de Gustavo, a vidência, que desde cedo se denunciara muito acentuada.

- Transparente não é, mamãe?

- Sim, meu filho.

- E se Deus não permitir, mamãe?

- Então eu continuarei em seu coração e vou sempre pedir aos anjos do céu que cuidem de você, meu pequeno tesouro. Nunca desanime e lembre-se sempre que, mesmo que eu não possa estar ao seu lado, sempre o terei em meu coração e em minhas preces.

Petrus permanecia em silêncio, não se atrevia a interromper o diálogo entre os dois, o qual lhe parecia insólito em alguns detalhes.

- Mamãe, tem tanta luz bonita aqui em casa agora! - afirmou Gustavo, gesticulando como se retivesse entre os dedos algo invisível aos olhos de todos.

Petrus, sem entender, instintivamente olhou em volta e nada pôde divisar, além das poucas réstias de luz que entravam no ambiente por uma ou outra fresta.

– Também tem muitos anjos aqui, mamãe. São lindos, todos estão sorrindo para nós!

– Sim, querido, são os anjos do Senhor, vieram abençoar a paz que reconquistamos para nossa vida.

– Você vê os anjos, papai? – interpelou Gustavo, inocentemente.

Sorrindo, meio sem jeito, o médico buscou socorro em Suzanne, pois não conseguia compreender o que se passava ali, posto jamais ter dado nenhuma atenção às questões religiosas e menos ainda ao Espiritismo.

Suzanne, então, tomou a palavra e respondeu:

– Não, meu querido, seu papai não os vê, nem os anjos, nem as luzes, nem os que já deixaram este mundo para estar com Deus. Gustavo, preciso lhe dizer uma coisa muito importante, que já deveria ter lhe dito antes. As pessoas podem não conhecer este dom que você tem. Algumas podem compreendê-lo, outras não. Por enquanto, ninguém ousou repreendê-lo, pois você é ainda muito jovem, e os que não conhecem as coisas de Deus e de seus anjos pensam que o que você fala não passa de coisas de criança, que fazem parte de sua imaginação.

Dando uma pausa para que o pequeno pudesse assimilar suas palavras, ela continuou:

– Quando você crescer, poderá ter problemas com as pessoas, que poderão até ser cruéis com você com relação a isso. Então, meu filho, peço-lhe que me prometa uma coisa: guardará segredo de seu dom, não diga nada a quem quer que seja, até que se torne um homem, promete?

Gustavo anuiu positivamente, e Suzanne deu-se por satisfeita, pois sabia que o filho era muito obediente.

Petrus ficou ali por vários dias, assistindo Suzanne em seus derradeiros momentos, ministrando e controlando remédios que lhe aplacavam a dor. E ela partiu suavemente, quase sem dor e com o coração aliviado.

Nesses dias em que permaneceu com Suzanne e seu filho, Petrus providenciou, com o auxílio de Heriot, toda a burocracia necessária para reconhecer Gustavo como seu filho. Depois, passou a posse da propriedade à criança, e a arrendou a fim de gerar dividendos para Gustavo, até que este atingisse a maioridade.

Sepultado o corpo de Suzanne, Petrus partiu para o solar Viert, agora em companhia de Gustavo, além de Heriot, ao qual deu instruções de nada comentar com o pequeno sobre o que estava por vir. Petrus gostava de manter, ele mesmo, o controle sobre as coisas.

Revelações

No solar Viert, ao serem avisados de que a carruagem de Petrus havia sido vista ao longe, Thomas e Liandra posicionaram-se na varanda de entrada do belo casarão.

Heriot foi o primeiro a descer, seguido por Petrus, que, ao vê-los, parou por instantes e, fitando-os, suspirou profundamente, como que angariando forças para enfrentar o que estava por vir.

Postou-se de costas em relação a eles e inclinou o corpo em direção ao interior da carruagem, gesto que evidenciou a Liandra e Thomas que mais alguém viera com eles.

De lá, retirou o menino e o colocou ao seu lado, retendo-o junto de si pela mão.

De imediato, Liandra e Thomas, ao ver o pequenino, questionaram-se mentalmente por que Henrique estava com Petrus, e não dentro de casa, como imaginavam que estivesse.

Apesar de o penteado de Gustavo ser diferente, e suas roupas não serem as usuais, os dois pensaram, num primeiro momento, ser ele o pequeno Henrique.

Petrus, conduzindo Gustavo em direção à escadaria de doze degraus que dava acesso à varanda de entrada, perguntava-se como explicar os fatos que se desenrolaram até então.

Assim que ele e Gustavo começaram a vencer os degraus, Henrique, alheio a tudo, surgiu de dentro da casa e colocou-se exatamente entre Liandra e Thomas, que, percebendo sua presença, mal puderam crer no que viam. Foram tomados por indescritível espanto.

Liandra simplesmente não conseguia pensar em nada, não conseguia coordenar os pensamentos, nem mesmo para proferir alguma questão a respeito. Thomas, por sua vez, de pronto compreendera que ali estava mais um filho da família. Petrus permanecia com o coração pesado pelas explicações que haveria de dar.

O garoto que viam era um sósia perfeito de Henrique, exatamente como um gêmeo idêntico.

Gustavo parou de subir os degraus quando restavam apenas dois para vencer a escada. Deteve-se olhando Henrique nos olhos, e este fez o mesmo.

Reinava o mais absoluto silêncio. Como que a se reconhecer por completo, os garotos sorriram um para o outro, com a mais absoluta serenidade. Essa reação foi observada por todos. Ninguém ousou proferir uma única palavra. Passado o susto, Liandra e Thomas dirigiram um olhar interrogativo a Petrus, buscando respostas à infinidade de questões que lhes surgiam na mente. Este, quebrando o estatismo, como a responder as silenciosas questões que lhe foram dirigidas, pegou Gustavo no colo e terminou de subir a escada. Pegou Henrique com o outro braço e apresentou-os um ao outro, em voz alta para que todos ouvissem:

- Gustavo, este é Henrique, seu irmão. Henrique, este é Gustavo, seu irmão.

E chorou copiosamente. Todos, tomados por tantas emoções, repetidamente, acompanharam-no no choro, exceto as crianças, que, de tão fascinadas uma com a outra, não perceberam a tempestade sentimental que as cercava.

Os dois pequenos harmonizaram-se imediatamente, como se juntos estivessem desde que nasceram.

A essa altura, Eudora, espantada com a semelhança entre os dois irmãos, não se conteve e questionou:

- Impressionante! Como é possível que duas pessoas geradas em ventres distintos possam assemelhar-se tal como se fossem gêmeos idênticos?

Não pude conter um sorriso. A reação de Eudora foi notada de imediato por Sasha e Gabriel.

- Percebo que Augustus tem uma revelação a nos fazer! - disse Gabriel.

- Confesso - emendei à guisa de resposta - que quando os vi separadamente, pela primeira vez, também me espantei. Apesar de eles terem sido gêmeos em jornada anterior na Terra e de terem mantido essa característica quando no plano espiritual, isso por si só não bastaria.

Fiz uma pausa para observar como os pequenos estavam interagindo alegremente e fui chamado à realidade por meus companheiros, que ansiavam por esclarecimentos.

- Aproveitando uma oportunidade com nossos maiores, em que recebia instruções relativas aos nossos tutelados, questionei a respeito e recebi extenso esclarecimento.

Mal conseguia ocultar o quanto me divertia com as expressões fisionômicas de meus companheiros, tal o interesse deles no assunto.

- Explicaram-me que a ciência terrestre, nas próximas décadas, começará a vislumbrar a maravilhosa obra que é a constituição e formação do corpo físico. Cada pequeno detalhe, seja orgânico ou fisionômico, é perfeitamente manipulável por meio da programação genética, inclusive ocorrências ligadas a condições especiais ou à cronologia dentro do período de vida material. Também me esclareceram que a influência da mente do reencarnante é tão mais preponderante sobre essa programação quanto maior for sua superioridade moral. No caso dos nossos pequeninos - disse, apontando-os com um sorriso - todos os fatores envolvidos, sem exceção, dos quais citei apenas uma diminuta parte, foram favoráveis para que a semelhança física entre eles fosse tão acentuada.

Interrompi por alguns momentos minhas parcas explicações para que meus companheiros e irmãos pudessem assimilar melhor os fatos descritos. Continuei:

- Como pudemos observar, tal semelhança não só atende aos anseios desses nossos dois irmãos, que ainda estão no início de sua jornada na Terra, mas especialmente serviu para que o espanto causado anestesiasse os sentimentos pesados com os quais nossos tutelados seriam envolvidos, e facilitou em demasiado a aceitação dos pequenos por parte deles, sem restrições.

Ainda permanecemos algum tempo confabulando a respeito, até que Sasha, nosso querido irmão, foi chamado a retornar para a nossa colônia, onde receberia novas atribuições, considerando que sua tutelada Suzanne já havia retornado ao plano espiritual havia algum tempo.

Despedimo-nos de Sasha, já sentindo saudades desse nosso querido companheiro, desejando-lhe todas as bênçãos do Mais Alto e que voltássemos a nos encontrar brevemente.

Permanecemos, Gabriel, Eudora e eu, acompanhados por todos os protetores e tutores de todos os irmãos do solar Viert, unidos em prece, observando Sasha se afastar até que não mais o pudéssemos perceber.

Algumas horas mais tarde, as crianças foram dormir e nenhuma palavra havia sido pronunciada. Petrus orientara a criadagem para que as crianças, especialmente Gustavo, recebessem exatamente o mesmo tratamento. A essa altura, os criados não faziam outra coisa a não ser cochichar pelos cantos a especular os fatos que a todos assombravam.

Petrus, Liandra e Thomas trancaram-se na suntuosa biblioteca do solar e foram dadas ordens aos criados para que não os incomodassem.

Thomas era um seguidor do Espiritismo e, como tal, elevava constantemente o pensamento ao Mais Alto, rogando para que tudo transcorresse na mais absoluta paz possível, implorando o concurso dos benfeitores espirituais sob as bênçãos de Jesus, "o grande médico de almas".

Antes que qualquer um dos dois tivesse oportunidade de dizer alguma coisa, Petrus começou a relatar os fatos, pedindo para que não fosse interrompido. Detalhadamente, narrou-lhes a história em todas as suas nuances, rogando a Liandra que o perdoasse por sua infidelidade, reafirmando seus sentimentos por ela, implorando a ela que o assistisse na correção, pelo menos parcial, de seus débitos para com Gustavo, aceitando-o no seio familiar.

Após alguns momentos de silêncio, Liandra, que refletia fitando Petrus diretamente nos olhos, tomou a palavra:

– Petrus, como poderia perdoá-lo, se nada há a condenar? Quem somos nós para julgar? Entendo suas fraquezas e sei quão árdua é a luta que temos de travar contra nós mesmos... Eu o amo! Amo-o muito, mais do que a mim mesma, meu querido.

Após pequena pausa, dirigiu seu olhar para Thomas e continuou:

– Thomas e eu tivemos momentos difíceis, muito difíceis, em que a batalha contra nossos sentimentos foi muito árdua...

E continuou relatando a Petrus tudo o que ocorrera desde que Thomas e ela se conheceram, dos sentimentos que surgiram instantaneamente entre eles e da forma velada com a qual ambos contiveram os sentimentos.

Falou-lhe da notícia de sua morte, de seu funeral, da difícil superação de sua perda e de como, superada a dor, consumaram a paixão, o amor, culminando com a chegada de Henrique.

– Confesso – continuou a certa altura – que sinto em mim profundo remorso por ter me entregado aos meus sentimentos por Thomas, assim tão rápida e intempestivamente.

Neste ponto, Thomas interveio:

– Eu também, meu irmão, de minha parte devo destacar que Liandra se manteve digna o tempo todo, e não fosse sua postura diante dos fatos que se desenrolaram, eu seguramente não a teria acompanhado no comportamento virtuoso que ela teve. Foi sua atitude digna e honrada que colaborou de forma a impedir-me de agir indignamente contra você, meu irmão. Portanto, eu também tenho do que me envergonhar e, da mesma forma que ela sente remorso por ter se entregado tão cedo aos apelos de seu coração, eu também o sinto.

Liandra acrescentou, com os olhos rasos d'água:

– Mas, meu amor, somente após algum tempo da notícia de sua morte é que nos permitimos viver tudo o que sentíamos, acredite...

E esclareceram a ele que Henrique era, na verdade, alguns meses mais novo do que afirmavam os documentos. Isso trouxe a Petrus a confirmação de suas suspeitas, de que a vida havia lhes pregado uma peça, a seu ver e entender, cruel e injusta.

O médico, com os olhos rasos d'água, após alguns segundos de reflexão, tomou a palavra:

– A vocês nada há a condenar, eu seguramente não teria agido de forma diversa. Se alguém aqui cometeu um grave erro, esse alguém fui eu, pois não havia circunstância alguma que permitisse ou justificasse eu agir como agi. E que preço alto minha incúria me impôs!

– Petrus, meu amor, não se martirize! Isso é passado e nada mais há que se faça que vá modificá-lo.

Todos ficaram abismados com as duas histórias e com a ironia com que o destino os havia conduzido até ali.

– Liandra, você ama Thomas?

Fitando Petrus com indescritível ternura, ela respondeu com profundo amargor na alma, amargor esse evidenciado por sua voz:

– Sim... eu o amo, mas...

– Não! Por favor, espere.

– E você, Thomas, ama Liandra?

Com indisfarçável desconforto, Thomas falou:

– Sim, meu irmão, eu a amo, mas...

Petrus impediu que ambos prosseguissem as explicações. Então, após angustiantes momentos de reflexão, ele completou:

– Eu os amo muito! Meu coração bate por vocês com tamanha ternura e dedicação que não conseguirei ser feliz se a felicidade não fizer parte da vida de vocês. Mas, para que eu tenha paz em meus dias e consigamos nos desvencilhar dessa teia que o destino teceu, eu preciso ouvir uma coisa de vocês – e, evidenciando, dessa forma, a profunda confiança que possuía na sinceridade de ambos, perguntou:

– Enquanto estive fora, trazendo Gustavo para cá, aconteceu algo entre vocês? Desde que souberam que eu estava vivo e retornando, entregaram-se um ao outro novamente, mesmo que apenas uma vez? – E, fitando-os com profundidade e gravidade, arrematou: – Eu imploro que sejam honestos comigo, respondam a verdade! Houve algo entre vocês nesse tempo?

Os dois, olhando-o nos olhos, sem desviar o olhar, sem vacilar, falaram: "Não! Nada aconteceu".

Petrus se sentiu aliviado, pois, se eles haviam sido dignos o tempo todo, sabia que com justiça e dignidade resolveriam a questão. Então sentenciou:

– Em reconhecendo meus erros, sabendo que apenas eu fui indigno, e por amá-los como os amo, coloco nossos destinos na mão de ambos. Não cabe a mim o direito de conduzir as decisões que afetarão o resto de nossa vida. Fui apenas eu quem agiu erroneamente. Penitencio-me! – disse lívido e impassível. – Eu os amo muito, e mais do que para mim mesmo, quero a felicidade de vocês, quero vê-los venturosos! Em nome desse amor que guardo dentro de mim, deixo nas mãos de vocês o futuro de nossa vida. Seja qual for a decisão, eu juro, vou acatá-la com alegria, desde que vocês alcancem a felicidade!

Dessa forma, Petrus dignamente colocou sua própria felicidade em segundo plano. Aprendera finalmente a amar verdadeiramente sem condições, sem egoísmo. Desenvolvera em seu ser o amor altruísta, no qual a felicidade alheia é a única condição para que alcancemos a nossa própria. Tal o amor que Jesus, nosso Mestre, tanto nos pregou e do qual insistimos em nos distanciar.

O impasse estava formado: três criaturas amavam-se profundamente e não sabiam como lidar com a situação. O amor que tinham um pelo outro era tão forte que não havia espaço para nenhum outro sentimento. E ressoava na mente deles a pergunta:

"Como vamos seguir com a nossa vida assim?"

Todos estavam com a mente concentrada naquele terrível drama, tão bem conduzido por eles até então, tão bem direcionado nas fases mais críticas, superadas de forma exemplar, mas ainda assim permanecia o dilema: os três se amavam com um amor tão belo e forte que o individualismo simplesmente não existia.

Eudora, Gabriel e eu tivemos de fazer um esforço supremo para obedecer às orientações que recebemos de não interferir de forma alguma.

Na mente dos três, quase simultaneamente, chegou a passar o pensamento de viver um triângulo amoroso, mas nenhum deles ousou abrir a boca nesse sentido. Pelo contrário, repeliram intensamente esse pensamento. Petrus, penalizado com a terrível situação, ocorrida por pura incúria e egoísmo, colocava seu próprio futuro em segundo plano.

Seus perseguidores invisíveis tentavam estabelecer influência sobre ele, mas, como estava firmemente decidido no sentido do acerto, repelia qualquer pensamento ou sentimento negativo.

Não queria fazer ninguém sofrer com a separação. Todos viviam o mesmo sentimento, um não queria prejudicar o outro, mas o coração gritava por não perder nenhum dos três, ninguém queria perder e ninguém queria ver o outro sofrer.

Passados minutos intermináveis de pura angústia, Thomas tomou a frente. Cercado por bons espíritos que ali acorreram e a nós se juntaram para atender às suas rogativas íntimas, com a devida autorização, sob a influência positiva de Eudora e de todos nós que vibrávamos intensamente para que finalmente atingissem uma conclusão digna, julgou acertadamente que deveria ser ele a tomar uma atitude e declarou que se dirigiria à propriedade do pai na Áustria.

Lá permaneceria cuidando dos negócios da família.

Alegou que, com certeza, lá acabaria encontrando também um amor e que Petrus e Liandra, amparando-se mutuamente, conseguiriam superar tudo, da mesma forma que ele iria buscar superação longe dali, pois a convivência naquelas condições se tornara impossível.

Mas ele não se retirou dali sem antes ouvir de Petrus que ele iria se dedicar com zelo à família. Liandra tomou a palavra e comprometeu-se a cuidar de Gustavo como se fosse seu filho. Considerou que, se Deus colocou na Terra duas criaturas tão semelhantes, em circunstâncias tão distintas e dramáticas, tão interligadas, era porque esperava dela exatamente isso. Que ela assumisse Gustavo como filho e que Petrus, seguindo o mesmo raciocínio, cuidasse de Henrique como se fosse seu filho. Assim, todos decidiram que o segredo jamais seria revelado aos meninos.

No dia seguinte, Thomas tomou as providências e, em poucos dias, partiu para a Áustria, permanecendo no solar apenas o casal e os meninos.

A VIDA SEGUE SEU CURSO

Não demorou e Petrus e Liandra retomaram a vida conjugal. Graças ao amor que nutriam um pelo outro, todos os temores decorrentes daquele difícil transe que viveram se mostraram inconsistentes. A paz retornou ao solar Viert.

A adaptação de Gustavo a seu novo lar foi muito rápida, pois mesmo que Petrus não orientasse para que Gustavo recebesse a mesma deferência de Henrique, todos no solar se encantaram com ele, que não só na aparência, mas em muitos outros aspectos comportamentais, assemelhava-se ao extremo com Henrique. Até mesmo na mania, que para todos parecia estranha, de ficar fitando o vazio como se alguém estivesse lá. Henrique também era dotado de mediunidade precoce, assim como Gustavo.

A diferença entre ambos se resumia por ser Gustavo um pouco menos ativo que Henrique, fato que não causou problemas.

Liandra dedicava a ambos o mesmo afeto e carinho, passando, em poucos dias, a amar Gustavo como seu próprio filho. Entre os meninos, a adaptação foi instantânea, os dois pouco falavam, mas seus gestos e significativos olhares eram compreendidos um pelo outro, na opinião de quem os observava, como se pelo pensamento conversassem, o que de fato sucedia, a afinidade era total.

Quase sempre em silêncio e furtivamente, os dois se divertiam pela casa, característica que rendeu muitas preocupações à ama encarregada deles. Graças a essas ações furtivas e silenciosas que sua mãezinha, como Liandra era chamada por eles, conferiu-lhes o apelido de "ratinhos brancos".

Os dois pareciam pequenos ratinhos a se esgueirar agilmente pelos cantos, a se ocultar dos olhos de todos. Entretanto, suas peças nunca foram maldosas nem tiveram nenhuma consequência digna de repreensões mais severas.

Uma das coisas que mais lhes agradavam era postar-se, um de cada lado, atrás de Liandra, especialmente se ela estivesse bordando ou lendo um livro em sua poltrona favorita. Ficavam, às vezes, por horas em silêncio observando furtivamente a mãezinha por sobre seus ombros, concentrada em seus afazeres.

Ao perceber que os pequenos ratinhos brancos adotaram esse hábito, Liandra armou um estratagema para que pudesse ter-lhes a presença denunciada, pois entendia que eles ali permanecendo por horas a observá-la estavam desperdiçando momentos importantes da infância.

Para detectar rapidamente a presença deles, usou um relicário dedicado a Nossa Senhora, a quem Liandra consagrava profunda devoção, cuja moldura lisa e reflexiva em bronze foi por ela colocada estrategicamente de tal modo que, por meio do reflexo, a presença dos dois pequenos fosse denunciada. A mãe fingia ignorar a presença de seus ratinhos por períodos diferentes de tempo, assim os dois jamais desconfiaram do artifício.

Sempre que percebia estar sendo observada, ela se divertia e, sem se levantar, apenas erguendo a cabeça, dizia:

- Hum... Estou sentindo cheiro de queijo, parece que tem ratinhos por aqui...

Os dois procuravam se ocultar e seguravam, o quanto podiam, o riso. Ela, por sua vez, fingia voltar à atividade, e os dois passavam a alternadamente cutucar-lhe delicadamente, na altura das costelas com seus pequenos dedos, e a ocultar-se rapidamente, deixando escapar risinhos.

Liandra então dizia:

- Ah! Com certeza tem um ratinho aqui! Vou mandar preparar ratoeiras antes que esses ratinhos venham a roer alguma coisa.

E assim que um dos dois se atrevia a cutucá-la novamente, ela, com um gesto rápido, retinha a mão do pequeno e o puxava para si, jogando-o amorosamente ao colo e fazendo-lhe cócegas. Como reação, o ratinho pedia socorro ao irmão, ao que era atendido. Os três, então, rolavam divertidamente, um fazendo cócegas no outro e depois divertindo-se com outras brincadeiras.

Os garotos tiveram uma infância feliz, apesar de Petrus não ter sido um pai tão participativo como se desejava. Dedicava a eles algum tempo, sentindo-se muitas vezes sem jeito e constrangido com as atividades impúberes dos dois. Quando eles alcançaram a puberdade, Petrus soube se adaptar melhor aos interesses dos garotos.

O tempo passou, os meninos cresceram, e assim que chegaram à idade adulta adequada para estudos superiores, como era de se esperar, seguiram a carreira de Petrus, pois tinham profundo interesse nas atividades médicas. O médico clinicava gratuitamente atendendo os menos favorecidos.

Quando ele saía para cuidar de algum doente, os dois meninos seguiam com ele e o auxiliavam, sempre atenciosos e prestativos. Não só o assistiam como também, nos momentos adequados, formulavam uma interminável série de questões. Tudo queriam saber e aprendiam com extrema facilidade e desenvoltura.

Depois de formados, passaram a exercer a Medicina na capital francesa, Paris.

Thomas, por sua vez, experimentou a solidão por longo tempo, mas acabou encontrando uma mulher que o completava, uma moça que o amava, e que a ele se dedicou com esmero, amor e dignidade.

Comerciante rico que era, pois assumira os negócios do pai, ele viajava muito. Certa feita, foi convidado a participar de um "baile imperial", que possuía esse nome por ser realizado nos moldes do antigo império austro-húngaro, em Viena.

Foi nesse baile que conheceu a esposa, a bela Melissa.

A exemplo do que acontecera com Petrus e Liandra, assim que Thomas e Melissa se perceberam pela primeira vez, apaixonaram-se de imediato. Thomas renasceu e todo o amargor que sentia desapareceu como por encanto.

Essa foi mais uma das variadas "coincidências" na vida da família Viert.

Passado um tempo, constituiu família com Melissa, casaram-se e tiveram muitos filhos. Dessa forma, o amor dele por Liandra e o dela por ele saltou para um patamar diferenciado. Finalmente, todos haviam encontrado a paz necessária para seguir com a vida.

Petrus e Liandra choraram de sincera alegria e alívio ao saber que Thomas seguia rumo à felicidade própria e merecida.

Exigiram que ele realizasse as bodas no solar. Assim, a região teve o mais belo e memorável casamento jamais visto. Até os campos ao redor do solar floriram com tal magnitude que pareciam querer abençoar a todos.

Os dramas que se desenrolaram na família Viert aconteceram para pôr à prova os envolvidos e comprovar que não repetiriam os erros do passado, confirmando a superação dos vícios e defeitos de cada um.

Tudo tem seu fim

Os anos se passaram, e os irmãos Viert tornaram-se expoentes na Medicina, especialmente no trato com crianças, às quais dedicavam sincero e especial amor.

Dedicavam boa parte do tempo se revezando, ora no hospital, que eles mesmos abriram, com o auxílio dos vastos recursos de seus pais e tios, ora viajando pelo interior do país.

Enquanto um deles permanecia no hospital, o outro seguia percorrendo o interior do país na intenção de atender pessoas e famílias pobres e carentes de recursos de toda espécie.

Sempre que surgia necessidade de uma intervenção mais séria, o doente era encaminhado ao hospital, que custeava as despesas. Os dois irmãos sempre foram muito apegados um ao outro, desde o momento em que se encontraram pela primeira vez, e nunca mais se largaram. Faziam praticamente tudo juntos e tiveram uma juventude muito feliz. Quando estavam perto dos seus vinte e seis anos de idade, a Segunda Guerra Mundial atingiu o país.

A Alemanha invadia Paris. O hospital que eles construíram e a casa de abrigo aos necessitados foram destruídos num dos poucos bombardeios terrestres à capital francesa.

Os irmãos Gustavo e Henrique escaparam do bombardeio por milagre. Revoltados com toda a situação, jovens de sangue quente, moços impetuosos e encorajados pelos amigos espirituais, pois ambos tinham a mediunidade bem educada e desenvolvida, uniram-se ao movimento da resistência francesa.

Em Paris, em cima de cada rua há um túnel de esgotos trafegável a pé e, eventualmente, em posições estratégicas, algumas câmaras. Cada túnel tem o nome da rua correspondente na superfície, e muitas dessas câmaras davam acesso a prédios.

A resistência francesa se utilizou desse recurso que os esgotos ofereciam para atuar por debaixo da cidade, locomovendo-se por meio desses túneis para suas ações de combate silencioso.

Graças a essas instalações subterrâneas era possível se ocultar dos soldados alemães, que invadiram a cidade. Assim, a resistência francesa promoveu muitas ações que contribuíram para o enfraquecimento moral e material das forças invasoras.

A invasão dos alemães sobre a França foi facilitada por conta de um sentimento derrotista de que os franceses, em sua maioria, foram tomados, pois, devido às circunstâncias políticas mundiais, sentiam-se abandonados pelas outras potências em guerra, cujas promessas de apoio e proteção não foram cumpridas. Mas nem todos deixaram se envolver por esse derrotismo, que, lamentavelmente, foi visto por alguns como covardia.

Na verdade, o povo francês não era essencialmente um povo bélico, não possuía uma estrutura armada adequada para enfrentar o poderio germânico com igualdade de condições e, a bem da verdade e da justiça, a atitude desse povo deve ser tomada como de sábia prudência, e não covardia.

Se alguém tomou atitudes reprováveis, foram as potências envolvidas, antagônicas ao "eixo-nazista", que afiançaram apoio total e irrestrito à França, e quando tal apoio se fez necessário, deixaram o bravo povo francês à própria sorte.

Esses acontecimentos explicam por que Paris pouco sofreu materialmente. Não foi destruída como Londres, a capital inglesa, por exemplo.

Henrique havia sido capturado durante uma ação contra uma tropa de soldados alemães. Gustavo reuniu um grupo de resgate e, com uma ação ousada, tentaram resgatá-lo. Lamentavelmente, a ação foi frustrada e todos acabaram presos. Os soldados alemães os mantiveram por meses a fio sob tortura da pior espécie. Os médicos militares alemães haviam se especializado em fazer as criaturas sofrer dores atrozes, insuportáveis e terríveis, mas de forma controlada, a não permitir que sucumbissem e morressem.

Faltando poucos meses para o fim da guerra, um pouco antes de os alemães deixarem Paris, havia aproximadamente 120 prisioneiros franceses ainda vivos, que eram considerados prisioneiros-chave da resistência francesa. Os menos importantes foram assassinados assim que identificados, e os mais importantes foram mantidos vivos por questões estratégicas. Antes de deixar a cidade, eles fuzilaram todos com um tiro de misericórdia, como é conhecido o tiro no alto da nuca.

Quando chegou a vez de Gustavo e Henrique serem fuzilados, eles foram colocados de joelhos um ao lado do outro. Henrique e Gustavo, espíritas, seguindo o exemplo de Thomas, entreolharem-se:

- Estaremos livres em poucos momentos. Finalmente retornaremos à pátria espiritual - disse Gustavo.

- Sim, meu irmão, que Jesus nos receba em seus braços...

E começaram a proferir uma prece em alemão, sem se darem conta da forte inspiração e proteção espiritual da qual estavam cercados.

O executor, ouvindo a prece, religioso que fora antes da guerra, apesar de ter seu coração endurecido pelo ódio, intolerância e discriminação, sob impulso dos espíritos protetores dos dois irmãos, sentiu-se fortemente constrangido a aguardar que eles terminassem a prece, que o fizera se recordar da mãe, pois era a mesma prece que ela fazia com ele antes do sono.

O homem permaneceu estático por alguns segundos após a prece dos irmãos, mas, apesar da hesitação, impassível, acionou o gatilho duas vezes. Os dois tombaram sem vida e o soldado continuou ali observando os corpos de Henrique e Gustavo.

Uma lágrima solitária correu por sua face.

E, assim, os dois irmãos, instantes antes de o gatilho ser acionado, tiveram seus espíritos adormecidos e afastados de seus veículos físicos pelos protetores espirituais que estavam ali para ampará-los, operação que foi muitíssimo facilitada graças à profunda fé e ao merecimento de ambos pela atitude de prece diante dos fatos dramáticos.

Retornaram à pátria espiritual sem sofrimento.

A adaptação dos dois no plano espiritual não foi difícil, pois eram espíritas devotados à prática verdadeira da doutrina, seguidores fiéis e exemplificadores da máxima doutrinária: "*Fora da Caridade não há salvação*" e, estudiosos aficionados das coisas do plano espiritual, sabiam com relativa precisão o que encontrariam.

Dentre todas as consequências que lhes restavam viver em razão de erros do passado, o papel e o drama que eles viveram na guerra, capturados pelos alemães, foram as últimas contas que tinham a acertar com a Justiça Divina. A vida evolutiva do ser humano, basicamente, é assim, para tudo há consequências, boas ou não, conforme seus atos. Esta é a Lei de Ação e Reação!

Lamentavelmente, ainda prendemos nossa compreensão das coisas Divinas a conceitos antigos, frutos de interpretações superficiais e passíveis de erro. A compreensão dessa lei nos é muito falha, pois é ainda muito forte o conceito de "olho por olho" em nós.

Se sofremos consequências desagradáveis de erros passados, não é porque a lei ou nosso Criador nos condena, pelo contrário, é porque a nossa consciência eterna é conduzida erroneamente por conceitos deturpados e firmemente direcionada por nossa mente a não permitir-se o perdão. Nós nos condenamos e criamos nosso próprio castigo, em vez de reparar nossos erros e a causa deles em nós por meio do amor e da caridade, da prece e da vigilância de si mesmo.

Seus pais e tios choraram muito. Estavam desolados com a morte deles, principalmente porque já estavam com a idade bem avançada para os padrões da época. O pai, Petrus, não conseguia aceitar o fato de ter de enterrar seus filhos, pois considerava antinatural um pai enterrar o próprio filho.

Thomas, espírita, tentou de todas as formas consolar o irmão, porém sem sucesso, e Petrus começou a se recolher dentro de um mundo todo próprio, e lenta e gradativamente foi perdendo o interesse pela vida. Passou a sofrer de depressão, principalmente graças à ação dos seus dois inimigos invisíveis, que ainda se mantinham firmes e determinados ao seu lado.

Considerando o que ocorria com o irmão, Thomas e Melissa resolveram se mudar para o solar Viert. Deixaram os filhos devidamente instruídos e protegidos por tutores da mais alta confiança, e a cada um concederam terras e negócios, antecipando quase toda a herança aos filhos, separando para eles apenas uma pequena fortuna que garantisse o futuro e a independência material.

Quando Petrus começava a reagir, o destino lhe reservou outro sofrimento. Uma epidemia de gripe assolou a região, e Liandra, enfraquecida pela dor da perda dos filhos, desencarnou. Para desespero de Petrus, Thomas e Melissa também contraíram a gripe e, apesar de terem resistido à doença, ficaram muito fracos e debilitados.

Não demorou muito para que os dois desencarnassem também, vítimas de uma pneumonia oportunista e, de uma hora para a outra, Petrus se viu sozinho. Perdera quase todos a quem amava. Seus sobrinhos raramente o visitavam, pois eram extremamente materialistas e individualistas, não seguiram a veia religiosa do pai, talvez por influência da mãe, que considerava o Espiritismo puro misticismo.

Criada em berço católico, quase ortodoxo, Melissa não conseguia se desvencilhar de seus preconceitos e recusava-se a discutir o assunto. Thomas, então, em respeito às crenças dela, jamais insistira no tema.

Todos, um após o outro, foram acolhidos pelos rapazes e deles receberam cuidados.

A esta altura da vida, o único elo que Petrus possuía com seu passado, e que lhe garantia as forças psicológicas necessárias para continuar vivendo, era Heriot e sua família. O fiel amigo e companheiro era considerado um irmão. Sua família possuía profundo afeto por Petrus, especialmente os filhos de Heriot, que, mais por amá-lo do que por obrigação, revezavam-se na companhia a Petrus de modo a ocupar-lhe todo o dia.

Nessa época, o médico, portador de grande fortuna, providenciou que a maioria de seus bens fossem utilizados no auxílio ao próximo, por meio de um hospital no estilo das santas casas, destinado a atender os mais necessitados. Era uma espécie de fundação.

O restante de sua fortuna foi doada a Heriot e sua família. Eles eram seus beneficiários no testamento.

Em razão dos trâmites da fundação de saúde pública que Petrus criara, Heriot teve de fazer uma longa viagem para comprar alguns equipamentos nos Estados Unidos. Pediu a Petrus para que pudesse ir acompanhado da esposa e dos dois filhos, ao que foi atendido com alegria. O amigo jamais lhe pedira nada, e recusava a maioria dos agrados materiais que ele lhe oferecia.

O médico providenciou uma viagem a mais luxuosa possível para Heriot e sua família, e eles seguiriam até a Inglaterra por via terrestre e marítima, e de lá continuariam de transatlântico até os Estados Unidos.

Passados vários dias da partida deles, Petrus recebeu um telegrama dando conta de que o transatlântico em que Heriot e a família estavam se perdera no mar. Ele se viu sozinho na vida.

Absolutamente só, amargurado, deixou de cuidar de si mesmo e entregou-se à influência de seus perseguidores invisíveis, que exultavam com sua dor. O corpo enfraqueceu, e ele se afogou em drogas alucinógenas e bebidas alcoólicas para fugir da dor. Sentia-se profundamente abandonado, porém em nenhum momento se revoltou, simplesmente não conseguia compreender por que estava passando por tudo aquilo, por que tivera de sepultar todos os que amava.

Toda influência em que eu procurava envolvê-lo, de molde a soerguê-lo, era assimilada por ele, mas simplesmente desacompanhada de qualquer ação positiva de sua parte.

Alguns meses depois, desencarnou em condição espiritual bastante inquietante. Foi um suicida inconsciente e, como era de se esperar, passou algum tempo no Vale dos Suicidas, sendo finalmente, com alguma dificuldade, resgatado por Gustavo e Henrique.

Recuperando-se com o apoio de todos, uma vez restabelecido o equilíbrio emocional, Petrus deu sequência ao aprendizado evolutivo por meio de provas e da repetição de muitas experiências semelhantes às de seu passado faltoso, nas quais finalmente reconquistou o equilíbrio de sua consciência imortal.

Notícias do passado

Todos os fatos aqui relatados já ocorreram, de forma diversa, em encarnação anterior, quase nas mesmas circunstâncias. Há pouco mais de um século, na velha Rússia dos czares, Petrus, Liandra e Thomas exerceram os mesmos papéis, evidentemente com outra roupagem física, outra identidade. Suzanne, Henrique e Gustavo eram outros espíritos que não os de nosso relato, sendo, entretanto, que naquela ocasião os desfechos foram bem diversos, seus atos não foram em concordância com a Lei Maior.

Liandra, nessa outra ocasião, tivera três filhos, duas meninas e um menino. Sua maior fraqueza era relativa aos vícios sexuais, prazeres e satisfação dos sentidos básicos da carne, aos quais se entregava sem reservas, mesmo depois de casada com Petrus, que, por sua vez, como Thomas, também não possuía nenhum pudor nesse sentido. Os dois irmãos se entregavam facilmente a práticas lastimáveis no campo do sexo.

Petrus, Liandra e Thomas cederam aos seus instintos inferiores e, secretamente, viveram um triângulo amoroso, cujo destino foi a deterioração de todos os elos sentimentais entre eles e a ruptura dos laços familiares.

Petrus, sob outra roupagem física, ignorava sistematicamente seus filhos com Liandra. Era um pai ausente, severo, frio, brutal e descontava em seus pequenos filhos todas as suas frustrações, porém o que mais lhe pesara sobre os ombros foi a ausência propositada, que muito marcara todos os seus.

Nessa época, Suzanne, que era amante de Petrus, comunicou sua gravidez a ele, mas estava gravemente enferma. Médico militar na ocasião, ele se viu forçado a ministrar-lhe um medicamento que seguramente salvaria sua vida, mas também interromperia a gravidez, o que, para ele, teria dupla utilidade, salvaria a vida da amante e o livraria de um filho indesejado.

Havia uma alternativa para o tratamento, porém pouco eficaz. Caso fosse aplicada, o desencarne da amante seria praticamente certo, pois ela estava fisicamente debilitada.

O espírito reencarnante, o bebê que ela esperava, não aceitou ter sua encarnação prejudicada pelo tratamento que Petrus ministrou àquela que seria sua mãe. Entendeu como frustrada sua tentativa reencarnatória e, tornando-se um perseguidor espiritual implacável de Petrus, buscava realizar justiça com seus próprios meios.

Não se deu conta de que, de qualquer forma, sua tentativa reencarnatória estava fadada ao fracasso e, se soubesse aguardar o momento oportuno, teria outra chance ainda naquela mesma época, com a mesma genitora.

Tal perseguição, engrossada por outros dois espíritos vingativos, seguiu até os tempos atuais.

O espírito de Petrus, atualmente encarnado no Brasil sob outra roupagem física, recebeu a mediunidade como prova e oportunidade de redenção perante a Lei Maior, por meio do amor.

Médium desde tenra idade, tornou-se espírita ainda muito jovem.

Antes disso, seu espírito passou por uma série de provações, inclusive a de ter frustrada uma tentativa de reencarnar, vivendo, dessa forma, as consequências de uma consciência culpada por impedir a tentativa reencarnatória de outro.

Conseguiu superar a si mesmo na maioria de suas provas, sempre procurando embasar seus atos e pensamentos no Evangelho, ao qual foi apresentado desde a infância, por conta de sua mediunidade.

Tendo-se transformado profundamente, conseguiu, por meio da exemplificação pessoal e da vivência do Evangelho, receber o perdão do espírito vingativo que, no passado, por força do tratamento realizado por Petrus em sua futura mãe, teve frustrada sua reencarnação.

Devemos evidenciar que esse perdão ocorreu graças a uma forte interferência amorosa daquela que seria - e já foi em outras ocasiões - a mãe desse espírito vingativo, hoje também reencarnada no Brasil e médium espírita.

Vencidos os embates a que se submeteram voluntariamente para equilibrar a maioria dos débitos fixos em sua consciência, os espíritos de Petrus e Liandra reencontraram-se no Brasil. Atualmente, compartilham de uma vida simples, em que buscam formas de se dedicar verdadeiramente à causa espírita.

Melissa e Thomas, Half e Heriot encontram-se na pátria do Evangelho, porém sob circunstâncias bem diversas um do outro.

Gustavo e Henrique estão no plano espiritual e, na parte 2 deste livro, abordaremos os primeiros passos da vida desses dois pequenos gigantes, dois ratinhos brancos!

PARTE 2

Recomeçando

Henrique e Gustavo contavam com pouco mais de vinte e oito anos de idade quando desencarnaram.

Vale esclarecer que ambos passaram por tais circunstâncias porque tinham de resgatar os erros de vidas passadas, pois a consciência deles não lhes permitia o perdão. Eles queriam instintiva e inconscientemente experimentar em si mesmos a dor que causaram.

Há muitas eras, nos primeiros reinados do antigo Egito, os dois irmãos eram soldados da guarda pessoal de um sacerdote. Lá, foram instruídos por ele a executar um grupo de opositores políticos.

Tal ordem foi cumprida à risca, e realizada com certa satisfação e crueldade. As consequências desses atos registradas na memória imortal de cada um, no subconsciente, culminaram nos tempos em que tiveram de sofrer de forma atroz nas mãos dos torturadores alemães.

Seguramente, tal situação seria absolutamente desnecessária. A Lei de Causa e Efeito não exige "olho por olho, dente por dente", mas permite que esses "pesos" na consciência sejam expurgados por meio da dor.

Caso desejassem, poderiam voltar à Terra, mas não haveria necessidade[1]. Se quisessem continuar sua evolução nos moldes normais, teriam de seguir para outro mundo que não fosse de provas e expiações, mas um mundo de regeneração, que é o que em breve acontecerá ao planeta Terra.

Todas as suas experiências, doravante, traduzir-se-ão em aprendizado e crescimento espirituais.

No dia da execução, eles foram retirados do corpo instantes antes de receberem o tiro fatal. Despertaram algumas horas depois em um posto de socorro, na Colônia Champs-Elysées, situada sobre a cidade de Paris.

No plano espiritual, o tempo tem uma flexibilidade desconhecida para os encarnados. A linha de tempo é manipulável, e uma das formas de se realizar essa manipulação assemelha-se a, relativamente aos segundos

1. Kardec, Allan. *O Livro dos Espíritos.* A reencarnação. 2ª parte, capítulo 4, questão 168 e Encarnação nos diferentes mundos, questão 172 e demais (Nota do Autor Espiritual).

contados no plano material, agir de forma bastante acelerada. Por exemplo, se você estivesse numa equipe encarregada de assistir desencarnes, e caso esse desencarne reunisse uma série de condições muito especiais, provavelmente estaria colaborando ativamente para que se alterasse o ritmo do tempo.

Se um encarnado pudesse observar a ação dos socorristas, veria as pessoas se movimentando de forma extremamente rápida. Enxergaria apenas vultos luminosos a se mover de um lado para o outro, como se estivessem, por falta de termo mais adequado, tremendo, vibrando intensamente. Só seria possível ver vultos ou algo semelhante a chamas, labaredas.

Do ponto de vista desse encarnado, eles estariam rápidos, mas para os espíritos atuantes no socorro, o encarnado é que está devagar. Na verdade, tudo no plano material parece não se mover. São necessários muitos minutos do tempo dos que integram a equipe socorrista para se notar alguma diferença significativa na posição e postura dos que estão à sua volta no "tempo normal".

Por meio de técnicas complexas para a compreensão vulgar, dois integrantes do grupo socorrista unem-se a espíritos de plano muito superior ao nosso e deles recebem, por meio de preces e posturas mentais, como as auto-hipnóticas, vastos recursos energéticos de altíssima pureza e tônus vibratório elevadíssimo. Esses recursos são manipulados para envolver o grupo em uma espécie de esfera composta de energias agregadas, mas não misturadas às suas próprias energias mento-magnéticas, deformando a linha de tempo dentro da esfera, de modo a modificar-lhe as características apenas no plano espiritual, dentro do raio de ação da esfera, sem afetar a linha de tempo no plano material. Essa deformação da linha do tempo não ocorre apenas pela ação mento-magnética dos dois integrantes especialistas, mas também, e principalmente, pela ação dos mentores da esfera superior citada.

Aumentando o próprio ritmo dentro da linha de tempo, por meio de sua deformação localizada, eles conseguem atuar amplamente e movimentar grande número de ações, com tranquilidade, no espaço terrestre de poucos segundos, como se fossem horas.

Essas ações, no caso trágico dos dois - isso de acordo com o ponto de vista terreno, mas que para eles foi muito proveitoso e nada sofrível -, consistiram em os espíritos atuarem sobre os campos energéticos deles desatando os cordões que os ligavam aos diversos centros de força ou plexos de seus corpos físicos, exceto o principal, do plexo solar, que só foi desatado em momento específico e apropriado, de molde a preservar o fluido vital. Tudo isso foi feito de forma extremamente rápida.

Para melhor esclarecimento, enquanto a bala estava percorrendo o cano do revólver, saindo do revólver e chegando até a cabeça deles, foi tempo mais que suficiente para desligá-los do corpo, subtraindo-lhes magneticamente a consciência.

Dessa forma, quando a bala entrou na caixa craniana, provocando grandes danos à massa cerebral, o espírito já não estava mais ligado ao corpo, que, por reflexo motor do sistema nervoso abruptamente afetado em suas ligações e conexões, se contorceu, tremeu e caiu. Dependendo da região cerebral que a bala atinge, o espírito nada sente, pois já foi retirado do veículo físico que o servia e já está a salvo de qualquer impressão sensorial.

É lógico que este "sentir" varia. Tudo depende da condição espiritual da pessoa que está levando o tiro e de como isso ocorre.

Um suicida, por exemplo, conserva todas as sensações, porque seu espírito está totalmente ligado ao corpo e, em consequência de seu ato extremo e totalmente contrário à lei, ele não dispõe do merecimento de assistência para o desligamento do corpo físico. Então, ele sente todas as sensações da entrada da bala e dos danos que esta faz no veículo físico; tanto que o suicida, no plano espiritual, ao recobrar a consciência, apresenta todos os ferimentos no corpo perispiritual, iguais aos do corpo material.

Essas ações sobre a linha do tempo são mais comumente realizadas do que se pode supor em um primeiro julgamento. Quantos dramas da vida não se sucedem e, por questão de segundos ou de milímetros, uma tragédia é evitada, ou em condições extremas a pessoa ou as pessoas saem de uma cena de destruição extrema absolutamente a salvo e, às vezes, sem um arranhão sequer, e que normalmente se atribui à sorte ou a um "santo forte"?

Normalmente, quando se atribui um evento de alta complexidade a um "milagre", invariavelmente são os mentores espirituais atuando sobre as leis naturais, que o homem encarnado ainda desconhece ou começa a suspeitar existirem.

Gustavo e Henrique, levados a um posto de socorro no plano espiritual ligado à Colônia Champs-Elysées, foram mantidos inconscientes por algumas horas, tendo o corpo perispiritual tratado. Tal intervenção seria o equivalente ao coma induzido, quando o espírito é mantido inconsciente para que se possa tratar seu corpo perispiritual.

Lá estavam eles, num estado de torpor espiritual, sem consciência do que ocorria à sua volta, sem nem mesmo ter sonhos. O corpo perispiritual deles era tratado de forma a garantir que nenhum resquício do transe dos últimos momentos na Terra pudesse se fazer sentir.

Mas, por serem espíritos bem evoluídos em relação à grande massa humana terrestre, não exigiram grandes intervenções. Algumas horas depois, numa condição física de perfeita harmonia, eles despertaram[2]. Uma enfermeira, Lúcia, gentil e amorosamente, despertou-os e dirigiu-se a eles:

– Senhor Henrique, senhor Gustavo, sou a encarregada de conduzi-los e orientá-los aqui em nosso posto.

---

2. Kardec, Allan. *O Livro dos Espíritos*. Perturbação espiritual. 2ª parte, capítulo 3, questões 163 e 164 (N.A.E.).

Sou a enfermeira Lúcia, e estou totalmente à disposição até que se sintam devidamente equilibrados.

Henrique e Gustavo se procuraram com o olhar e sorriram satisfeitos ao verem um ao outro e, quase em uníssono, perguntaram:

- Onde estamos? Onde fica este posto?

A enfermeira, sem conter o riso com o gesto deles, tão sincronizado, esclareceu-os:

- Estamos no Posto dos Lírios, ligado ao hospital da Colônia Champs-Elysées.

Novamente os dois trocaram olhares. Agora, não só se comunicavam telepaticamente como podiam sentir os pensamentos um do outro quase pelo tato. Foi Henrique que questionou:

- Champs-Elysées? Em Paris?

- Não, senhor Henrique, sobre Paris. Estamos em uma colônia espiritual que se encontra mais ou menos sobre a cidade de Paris.

- Entendo, desencarnamos então...

- Sim, há poucas horas!

Mais uma vez, os dois se entreolharam. Gustavo tomou a palavra:

- Mas não seria de esperar que se passassem mais do que poucas horas para estarmos nos sentindo tão bem assim?

A enfermeira Lúcia, espantada com a questão proferida, pois raramente os recém-chegados possuíam tão clara noção das coisas do mundo espiritual, respondeu admirada:

- Sim, com certeza seria, mas parece que os senhores fogem à regra a que estamos habituados.

- Não me admira - retrucou Gustavo, com um sorriso maroto e dirigindo um olhar significativo a Henrique, que correspondeu com uma piscadela -, regras nunca foram o nosso forte!

Todos riram da brincadeira e o diálogo seguiu. A enfermeira respondia às questões que os dois despejavam sobre ela com extrema dedicação, doçura e paciência.

Passadas quase duas horas de intenso interrogatório, a enfermeira os interrompeu sorrindo:

- Senhores, senhores! Agora é momento de pararmos com tantas questões, de nos acalmarmos, pois os senhores estão prestes ao desequilíbrio de tanta excitação mental. Vamos nos dedicar ao repouso. Assim que os senhores descansarem o suficiente, serão devidamente orientados e encaminhados.

Algo contrariados, eles julgaram prudente obedecer e entregaram-se quase imediatamente ao sono, que durou cerca de doze horas.

A adaptação, que para um espírito comum levaria muitos meses ou anos, no caso deles levou poucos dias.

Rapidamente, eles se ajustaram ao plano espiritual, trabalhando intensamente nesse sentido, participando de cursos e palestras, onde aprenderam como se portar e viver no plano espiritual. Esses cursos também ensinam a se deslocar rápida e adequadamente, conforme a circunstância, a se alimentar, a se reajustar ante eventuais choques sentimentais, a dominar os pensamentos e outras necessidades pertinentes à vida no plano espiritual.

Primeiros passos

Em trinta dias eles assimilaram adequadamente o essencial, e ambos, ansiosos por se colocar na ativa, rogaram ao coordenador da colônia oportunidades de trabalho, pois não se sentiam à vontade ociosos, necessitavam de ação.

O coordenador, Gautier, examinando suas fichas e satisfeito com o progresso deles, concordou com as rogativas e solicitou a um de seus colaboradores que os conduzisse até Renan e sua esposa, Julliete, orientadores de uma equipe de socorristas, dentre as muitas centenas que existiam naquela colônia; número este muito acima do normal por consequência do difícil transe que a humanidade passara por conta das duas guerras mundiais.

Renan os recebeu de braços abertos, apresentando-os à esposa:

- Veja, Julliete, estes são os rapazes que o senhor Gautier nos enviou!

- Louvado seja nosso Senhor! Bem-vindos! Bem-vindos! Que surpresa! - disse Julliete, abraçando-os com um belo e cativante sorriso que os colocou à vontade de imediato.

Henrique e Gustavo sentiram-se sinceramente felizes com a recepção.

- Parece que temos o dom de surpreender as pessoas, espero que seja por bem! - falou Gustavo.

- Talvez devêssemos frear um pouco nossos passos, irmão! - completou Henrique.

Todos riram. Na verdade, os anfitriões já conheciam as excepcionais qualidades de seus recém-chegados pupilos.

- Senhores - disse Renan tomando a palavra -, acompanhem-me, desejo apresentar-lhes nossas instalações hospitalares.

Os dois, cheios de expectativas e ansiosos por colocar mãos à obra, seguiram-no, certos de que logo estariam tratando os necessitados que acorriam à colônia.

Foi-lhes demonstrado que cada ala hospitalar era identificada com uma combinação de cores, sendo o branco predominante. Dessa forma, ficava fácil para o pessoal da assistência percorrer os longos e intrincados corredores sem se perder, pois as cores se apresentavam em faixas ligeiramente luminescentes no chão, próximas das paredes.

Para ir a determinada ala, bastava o visitante conhecer as cores correspondentes da ala de destino e segui-las. Além disso, em alguns cruzamentos formavam-se pequenas e surpreendentes ilhas, com pequenos jardins circulares e alguns bancos, disponíveis para o descanso, circundadas por bela vegetação florida, ar e temperatura extremamente aprazíveis e agradável iluminação solar. Podia-se ouvir suave música no ambiente. Nessas ilhas de reflexão, as quais os assistidos já em franca recuperação eram estimulados a visitar e colocar-se em prece e meditação, dispunham-se ordenadamente algumas placas com a relação de cores e alas correspondentes, além de outras instruções e recomendações a todos os que por ali passassem.

Tudo os fascinava e era alvo de elogios desmedidos. Pensavam em como seria benéfico à humanidade se um pouco do que era ali visto fosse aplicado nos hospitais terrestres.

Renan os conduziu pelas várias alas do hospital, mostrando-lhes diversos tipos de sofredores ali permaneciam. Uma das alas que mais impressionaram os irmãos foi a "AIMEC", ou seja, Autoincapacitação Mental Crônica. Apesar das enormes diferenças entre os métodos e objetivos em ambos os planos, poder-se-ia estabelecer um pobre paralelo desta ala com os manicômios terrestres.

Era dividida em quartos individuais, especialmente energizados para proteger os espíritos, que, com tal estado de insanidade mental, quando despertos, acreditavam-se ainda em batalha ou em situações de extrema angústia.

Havia todo tipo de espírito: combatentes, vítimas de estupro ou de torturas, algozes arrependidos, todos com a mente profundamente perturbada, vivenciando suas angústias. Dia após dia, hora após hora, segundo a segundo, sem interrupção, mantinham-se mentalmente atrelados aos dramas que tão profundamente os traumatizaram.

Assim permaneceriam até que expurgassem a maior parte de sua culpa. Apesar de as condições serem angustiantes, a presença deles nessas alas de tratamento indicava franca e positiva melhora das condições mentais.

– Infelizmente, a maioria dos sofredores autoinduzidos à dor pela culpa permanece perispiritualmente estacionária nos vales umbralinos das sombras e dos suicidas, expurgando, por meio de sofrimentos atrozes, a maior parte de suas culpas, neles evidenciadas e materializadas em fluidos de baixa vibração, venenosos e extremamente tóxicos – esclareceu Renan –, não reunindo as mínimas condições necessárias para que possam ser resgatados. Uma vez que a maior parte de suas intoxicações espirituais e mentais tenha sido expurgada e demonstradas determinadas condições mentais propícias, eles são trazidos e atendidos aqui, podendo ser cuidados em suas necessidades básicas, como espíritos eternos em reajuste.

E, apontando para os enfermos, continuou:

- Estes que aqui vemos permanecem mentalmente em outras regiões, o que nos facilita imensamente a aplicação de medidas terapêuticas, de acordo com cada caso. O corpo perispiritual deles é magneticamente induzido a um estado de torpor, de modo que sua mente acredita estar em ação. Um soldado acreditava estar em campo, em uma viva refrega, correndo, atirando, lançando granadas. Um piloto, em um quarto logo adiante, imaginava-se em seu avião, combatendo feroz batalha aérea. Uma mulher, mais adiante, acreditava estar sendo violada por um batalhão de soldados desumanos. Mais à frente, tinha um homem que pensava estar se asfixiando em uma câmara de gás. Todos sofrendo os mais tristes pesadelos que viveram em seus últimos momentos na Terra, nos quais, por motivos diversos, a mente se fixou, mas o corpo mal se movimentava na cama.

- E por que são mantidos em quartos individuais? - questionou Henrique.

- Porque, devido à extrema falta de pessoal para o atendimento, não há meios de vigiar todos durante vinte e quatro horas; portanto, os casos mais severos são isolados nessas câmaras - explicou Renan. - Cada uma é dotada de sensores que detectam qualquer movimentação indesejada.

Após pequena pausa, Renan os conduziu a uma sala aberta, próxima de uma praça interna bem ampla que, estrategicamente, dava acesso a grande número dos corredores. Observaram um extenso painel luminoso, com diversas pequenas telas que mostravam as imagens dos quartos, acrescidas de outras informações que ambos não puderam compreender de pronto. Renan continuou:

– Eventualmente, quando um interno desperta de seu torpor físico e seus devaneios tristes se intensificam, o supervisor da ala é imediatamente alertado em um painel específico como este, e procede a movimentação de pessoal disponível, conforme a urgência do caso, cujo julgamento é possível graças a um sistema de vídeo e de sensores áuricos e mentais que possibilitam avaliar o grau de despertamento do interno e suas condições mentais. Tudo isso é realizado sem deslocamento ao aposento. Além de tudo isso, dispomos de uma série de recursos terapêuticos que podem e são ministrados remotamente, como, por exemplo, a aplicação de iluminação cromática, odorização e ionização do ar, entre outros.

Os irmãos ouviram tudo em silêncio e, por alguns momentos, ficaram observando o painel. Tentavam interpretar algo do que viam com exatidão, e quando estavam prestes a despejar uma série de questões, Renan se adiantou e continuou reforçando os conceitos:

– Quando acontece de algum interno se aprofundar em sua crise, o estado induzido de letargia física é superado pela crise mental, e o corpo passa a se movimentar, pois a semiconsciência passa a imperar.

Fitando-os com gravidade, concluiu a explicação:

– Por tudo isso, o isolamento. Em seus devaneios, nossos irmãos em sofrimento podem causar grande perturbação. Esses pequenos cubículos têm a proteção que se faz necessária: paredes com acolchoamentos; teto e chão com a função de isolá-los mentalmente do mundo exterior, de forma que seus algozes do passado não os possam localizar. Se despertarem inesperadamente, podem causar grande mal a si mesmos e aos outros. Podem atacar pessoas, reagindo de maneira agressiva e perturbadora, em conformidade com a ilusão autoinfligida que vivem, promovendo um distúrbio absolutamente desnecessário e indesejado.

– Então, ao despertarem, eles não podem debandar do local? Mas isso não vai contra o livre-arbítrio deles? – inquiriu Henrique.

– Se estivessem lúcidos, sim, sem dúvida! Tanto é que nesses casos em que o paciente se encontra senhor de sua razão, caso queira se ausentar, nós não o impedimos, mas aqui deparamos com estados avançados de perturbação mental, que na Terra seria denominada loucura total e irreparável. Aqui, assim como na Terra, é evidente que deixar uma criatura em tal estado de perturbação em livre contato com os outros, além de ser uma temeridade é, no mínimo, uma irresponsabilidade, pois sérias e dolorosas consequências poderão advir.

Após alguns instantes de reflexão, Gustavo formulou uma questão:

– Na Terra, os quadros de patologias psíquicas similares às que aqui estamos presenciando são, na maioria das vezes, de difícil ou impossível solução. Muitos dos enfermos desencarnam sem jamais alcançarem a cura, seja total ou parcial. Em que condições eles aportam aqui no mundo espiritual? E mais: é de se esperar a cura de alguns, seja destes ou daqueles?

– Na maior parte das vezes, eles chegam nas mesmas condições mentais de quando deixam o veículo físico, porém muito mais aptos à cura, a qual todos alcançam invariavelmente. Se no plano terrestre a cura é de difícil solução, isso se dá por dois principais motivos. Primeiro, porque alguns já se encontram em estado de demência há muito tempo, e falham sucessivamente em suas oportunidades reencarnatórias, o que se lhes fixa no genoma, graças ao forte influxo do perispírito impulsionado pela lei do reajuste, quando reticentes no erro, tornando a cura no plano material improvável e, não raramente, impossível à ciência humana. Dependendo das consequências da imposição perispiritual sobre o genoma, as imperfeições cerebrais são tais que somente a direta intervenção divina poderia desfazê-las. Mas o progresso é lei e, aos poucos, aprendemos a atenuar tais agravantes, e quem sabe um dia...

Fez uma pausa para reflexão, depois continuou:

– Em segundo lugar, falta à ciência terrestre investigar os verdadeiros motivos desse estado mental lamentável, mas sempre transitório, cuja raiz é sempre espiritual. Se a criatura em grande débito com a lei, quando na carne, recebe da Misericórdia Divina meios para o reajuste e se esquiva sistematicamente, a dor invariavelmente a persegue, na mesma proporção em que existem os espíritos vingativos que dela procuram se acercar, tomando para si a consecução da justiça.

– E quais seriam esses meios para o reajuste? – questionou Henrique.

– Dentre muitos, um dos principais é a fé. Não me refiro à fé passiva, em que cremos no Criador, em que cremos em nosso Senhor Jesus Cristo e em seu Evangelho e nos restringimos à contemplação e ao cumprimento de preceitos religiosos básicos, como frequentar cultos, por exemplo, mas sim à fé ativa! Aquela em que procuramos colocar em prática todas as lições de fé moral contidas no Evangelho, como verdadeiramente age o "homem de boa vontade".

Com o olhar distante, como se admirasse belíssima paisagem no infinito, o rosto de Renan iluminou-se:

– E não só isso, mas também, por exemplo, na vivência plena das "Bem-aventuranças"; na colocação em prática do "Amai-vos uns aos outros"; na constante gratidão ao Pai por tudo o que Ele nos oferece, como os recursos de crescimento moral e religioso. Religioso no sentido de nos *religarmos* efetivamente ao nosso Pai Maior. Na aplicação prática e voluntária da máxima "Fora da caridade não há salvação!", e em todas as suas infinitas expressões.

Após uma pausa um pouco mais extensa, mais uma vez naturalmente oferecida por Renan, Henrique o questionou novamente:

– Seria a mediunidade um desses recursos que o Altíssimo nos oferece?

– Com certeza! Dentre as muitas formas de reajuste, a mediunidade é uma das mais comuns e sistematicamente ignorada e rejeitada pelo homem.

– Muitos dos doentes que estão aqui são espíritos que, quando na carne, tiveram a bênção da oportunidade de resgate de seu equilíbrio por meio da mediunidade e se esquivaram sistematicamente. Tão intensamente o fizeram que, quando retornaram ao nosso plano, após anos e anos de dor e sofrimento nas regiões umbralinas, afirmaram nunca terem tido nenhum sinal que pudesse tê-los chamado à senda mediúnica, apesar dos incessantes apelos de seus mentores, que nunca poupam esforços para direcioná-los ao bem comum, por meio do Evangelho e do autossacrifício de servir ao próximo sem esperar paga alguma.

Tudo isso explicado para os rapazes, eles seguiram por alas aparentemente intermináveis e chegaram a uma ala que, de um lado, tinha as paredes pintadas de branco-azulado suave e, de outro, de branco-rosado suave. Ali foram informados de que aquela era uma ala de difícil visitação.

– Esta ala é a dos espíritos em condição mental infantil. Vocês sabem que o espírito não tem idade. Todos são basicamente, por falta de expressão mais adequada, "adultos". Entretanto, é muito comum encontrarmos, no plano espiritual, certas condições de desequilíbrio que prendem a criatura à condição da infância. Seja por uma questão de fuga, de oportunismo, de auto-hipnose, de indução mento-magnética de terceiros, enfim, os casos se multiplicam quase ao infinito. Muitos são os que têm dificuldade para manter o equilíbrio emocional ao fazer uma visitação a esta ala, devido ao fato de instintivamente reagirmos com extrema piedade e dor íntima diante do sofrimento de crianças. Mas - alertou ele -, repito, nunca devemos esquecer que esses espíritos travestidos de crianças são espíritos eternos, que acumularam centenas ou milhares de experiências reencarnatórias na condição humana[3]. A aparência infantil com que se revestem é apenas resultado de uma fixação mental, um desequilíbrio, dentre tantos que o ser pode vivenciar, cujas nuances vamos estudar em momento oportuno, e em que a duração depende apenas de sua capacidade de reação diante dos fatos da vida eterna.

Dito isso, ele lhes deu a opção de recuar.

Os dois se entreolharam, sorriram marotamente e olharam para Renan, que compreendeu perfeitamente o que lhes passava pela mente. Com um gesto de mão, conduziu-os para dentro da ala, mais uma vez com uma profunda satisfação íntima pela boa disposição deles.

---

3. Kardec, Allan. *O Livro dos Espíritos*. A infância. 2ª parte, capítulo 7, questão 379 e seguintes (N.A.E.).

- Uma questão nos preocupa imensamente - continuou em sua explanação -, entendemos que o espírito imortal não possui idade, mas sim evolução, cultura espiritual e moral, acumuladas por meio de seguidas experiências reencarnatórias, nas quais vai aprimorando sua cultura, não só no sentido mundano, mas também e, principalmente, no sentido moral. Como sabemos, o homem tem certa facilidade em calcinar seus sentimentos na constante convivência com situações que tendem a promover um grande distúrbio sentimental. Como exemplo disso, cito alguns profissionais que, para suportar a dor da convivência com doentes considerados pela Medicina terrestre desenganados, tornam-se refratários à dor humana e passam a lidar com esses pacientes de forma absolutamente fria e impessoal, como a se proteger do sofrimento próprio. Muitos, lamentavelmente, acabam até se tornando cruéis.

Os dois irmãos procuravam absorver o máximo possível dos esclarecimentos. Após longa pausa, buscando a maneira mais adequada de se fazer entender, ele continuou:

- Vejam vocês como a informação e o conhecimento conferem extrema responsabilidade a quem os detém. Questionamo-nos intensamente a respeito da vulgarização do conhecimento de que em cada criança terrestre há um espírito imortal. Como sabem, na verdade tem na sua condição de infante uma forma transitória necessária ao seu processo de aperfeiçoamento como espírito, que existe também para se fazer cumprir um processo natural e essencial, que é o amadurecimento do conjunto formado pelo espírito e seu corpo perispiritual no plano físico, e de sensibilizar, por meio da fragilidade da infância, eventuais desafetos do passado, reconduzindo-os ao equilíbrio por meio do amor[4]. Em outras palavras – continuou Renan –, sob tal condição, vão se assenhoreando dos recursos de seu veículo físico de forma progressiva. Vivenciando com as pessoas com quem convivem situações de cunho sentimental que propiciem a reconciliação ou a formação de elos morais/ sentimentais entre os seres antagônicos na Lei de Reencarnação, sendo que essa é uma das formas de se quitar débitos passados, por meio do amor. Muitos têm esse conhecimento, mas, sendo pessoas que não apresentam "patologias morais", são instintivamente envolvidas pela doçura e candura que toda criança transmite por si mesma. Lamentamos que, às vezes, alguns que iniciam seus passos na doutrina espírita promovam uma distorção na ordem natural das coisas, passando a achar que a infância não deve ser tratada como é, e sim que em seus primeiros anos, que deveriam ser dedicados ao desenvolvimento físico e moral no convívio amoroso, às brincadeiras e joguetes naturais e ao convívio familiar e social, deve haver frieza e as crianças encarnadas devem ser

---

4. Kardec, Allan. *O Livro dos Espíritos*. A infância. 2ª parte, capítulo 7, questão 384 (N.A.E.).

consideradas miniadultos. Assim, tolhem do ser reencarnante o direito à infância salutar. Tal comportamento, ardilmente ocultado aos olhos da sociedade, tem se disseminado, não só entre espíritas, mas entre pessoas de qualquer outra corrente religiosa ou não, a quem se entrega a educação e o respeito das crianças. Tal receio não é infundado, pois verificamos, diversas vezes, que, infelizmente, por reconhecer no infante e no jovem o germe de inteligência que desabrochará plenamente na idade adulta, muitos concluem que a capacidade de discernimento e tirocínio é tal qual como em um adulto e, dessa forma, isentam-se da responsabilidade de orientar e educar atentamente a infância, momento em que o espírito está mais suscetível às orientações que podem auxiliar em seu avanço[5].

As palavras calavam fundo no coração dos irmãos. Renan continuou:

– Todos possuem esse conceito moral da defesa da infância arraigado dentro de si e, assim mesmo, a infância é constantemente violada e vilipendiada. Se não tomarmos providências enérgicas para evitar que, sob uma desculpa distorcida e impulsionada por interesses egoísticos, tais atitudes se generalizem e muitos comecem a tratar as crianças não mais como espíritos reiniciando experiências reencarnatórias, onde as faculdades

---

5. Kardec, Allan. *O Livro dos Espíritos*. A infância. 2ª parte, capítulo 7, questões 380 e 383 (N.A.E.).

são limitadas ao grau de amadurecimento de seu veículo físico, e cruzarmos nossos braços, o que será deste nosso mundo?

Os irmãos, de imediato, começaram a visualizar como a infância poderia ser ainda mais desrespeitada do que já era. Sentiram todo o peso daquela estranha possibilidade.

– Cabe aos espíritas de todo o mundo – arrematou Renan, como que a apresentar a solução simples e evidente – a responsabilidade de divulgar, por meio do estudo sistemático das obras de Allan Kardec, a Codificação do Espiritismo, trazida pelo Espírito da Verdade e todo o seu séquito de mentores, desde esferas mui superiores até a nossa própria, a verdade como é aos novos seguidores. Impedindo que os incautos distorçam as lições que nos foram trazidas na codificação, posto que ao homem o ato de distorcer palavras é de extrema facilidade!

A ALA INFANTIL

Entraram na ala rosa em primeiro lugar, e lá, Henrique e Gustavo espantaram-se com a radical mudança de ambiente.

Até então, todas as alas apresentavam uma simplicidade prática; no entanto, essa ala era bem diversa, não possuía quartos individuais. Os quartos contavam com mais de cem leitos e eram divididos por faixa etária e condições mentais.

Esses quartos eram dispostos como em uma "vila romana", circundando um imenso pátio, no qual havia alguns pequenos parques em torno de um maior, que abrigava um pequeno lago alimentado por um córrego bucólico que, por sua vez, tinha origem numa pequena cascata encimada por um minúsculo bosque.

As paredes possuíam largas, amplas e elevadas janelas e permitiam às crianças observar as atividades no parque central.

Renan os esclareceu que isso foi feito com o intuito de que o interesse dos pequenos internos fosse despertado para as atividades exteriores, cultivando, assim, o autoempenho na própria recuperação.

Nos entremeios dos floridos parques havia estruturas semelhantes a lonas de picadeiros, mas cuja sustentação se dava apenas por um pilar central. Um detalhe, em particular, causou profunda impressão nos irmãos. Vistos do lado de fora, os picadeiros não possuíam nenhum tipo de parede ou lona, de forma que as atividades desenvolvidas dentro de seus limites eram perfeitamente observadas por quem quer que fosse de qualquer ângulo. O único detalhe que delimitava o espaço reservado para ingressar ou sair de suas dependências eram belíssimas cercas vivas, de uma vegetação totalmente diversa de qualquer uma conhecida no plano físico, que não ultrapassavam os 50 centímetros de altura. Elas ofereciam acesso em dois pontos opostos de cada picadeiro, um diante dos quartos e outro do parque central.

A surpresa ficava reservada a quem ingressasse em seus limites. A visão pelo lado de dentro do espaço era subitamente tolhida por uma espécie de tecido, visível apenas pelo lado de dentro. E mais: tal "tecido" não apresentava coloração estática, mas, sim, em seus quase 360 graus, um misto de paisagens bucólicas com personagens infantis, em ação dinâmica, como se fossem filmes coloridos com som, nitidamente apropriados à faixa etária de seus ocupantes. Outras tantas e interessantes características eram encontradas ali, cujas explicações Renan deixou para um momento mais oportuno.

Em cada uma dessas estruturas, atividades diversas eram exercidas com as meninas. A que mais lhes chamou a atenção foi a de um picadeiro em que grupos de palhaços e palhaças se esforçavam, por meio de suas divertidas brincadeiras, para distrair e elevar o moral das meninas.

Vez por outra, uma das meninas conseguia abstrair-se de suas cismas e punha-se a rir, e tal fato era o ensejo que a trupe de palhaços necessitava para introduzir a referida menina em suas brincadeiras, provocando uma reação em cadeia. Em pouco tempo, as meninas, a maioria com traumas fortíssimos, apresentavam a abertura necessária para a aproximação das monitoras, encarregadas de reconduzi-las ao reequilíbrio por meio do diálogo fraterno e outras intervenções sutilmente administradas.

Todas as monitoras aparentavam estar na adolescência, sendo que as mais velhas pareciam ter, no máximo, dezoito anos. A maioria tinha entre catorze e dezesseis anos de idade. Os irmãos sentiram-se tocados, tamanha a dedicação e amor daquelas moçoilas no desempenho de suas funções.

Mais tarde, souberam que algumas das crianças não estavam em tratamento, mas sim que se tratava de espíritos elevados, travestidos propositadamente em crianças, para facilitar a sociabilização e o despertamento dos pequeninos.

Visitadas as diversas áreas externas e atividades, Renan os convidou para se dirigirem a um dos alojamentos infantis da ala feminina.

- Agora, vou conduzi-los a um dos quartos em que repousam, e estão em processo de preparação, crianças de oito a doze anos de idade, cujo estado mental é de tal seriedade que as impede de participar das atividades externas, pois vivem ainda em estado catatônico, mergulhadas em seus traumas.

Entraram em um amplo quarto em que a iluminação se fazia suave, um doce aroma dominava a atmosfera e suave música se ouvia. Foram instruídos a evitar ao máximo travar conversação naquele ambiente, para evitar a menor perturbação que fosse.

Diversas enfermeiras deslocavam-se agilmente no mais profundo silêncio, apenas sorrisos e olhares eram trocados ali.

Muitas crianças se contorciam em suas camas, outras, aqui e ali, expeliam fluidos densos e fétidos, que eram rapidamente recolhidos pelas enfermeiras.

Diversos grupos de senhoras de aparência matronal se deslocavam de uma a outra criança, que apresentava nitidamente um estado mais crítico e, impondo as mãos sobre elas, despejavam grandes quantidades de eflúvios salutares, que imediatamente produziam benéfico efeito calmante.

Em dado momento, uma menininha de aproximadamente oito anos entrou em crise. Ela se debatia desesperada, implorando por socorro, com os olhos quase saltando das órbitas e expelindo convulsivamente, tanto pela boca quanto pelas narinas, como também pelos orifícios excretores, grandes quantidades de matéria escura, viscosa e de odor desagradável.

Como não havia nenhuma enfermeira disponível no momento, pois parecia que uma reação em cadeia ocorria ali, com numerosas crianças entrando em crise, Gustavo e Henrique entreolharam-se, como de costume, e rapidamente se dirigiram em direções opostas, sem dar tempo a Renan de esboçar nenhuma reação. Enquanto um retornava com os apetrechos de limpeza, o outro vinha com uma camisolinha e lençóis limpos.

Gustavo agilmente procedeu a limpeza no local e a higiene da menina, removendo todo e qualquer resíduo de sua crise, mantendo sua mente em prece por ela e, simultaneamente, Henrique procurou imitar os gestos e sentimentos do grupo de senhoras e postou as mãos sobre a menina, colocando-se em prece.

Renan, impassível, assistia a tudo.

Imediatamente, em resposta às preces, a menina foi envolta em suave e safirínia luz vinda do Alto, e paulatinamente se tranquilizou. Assim, retornou a uma condição menos dolorosa.

Renan, que até então não esboçara nenhuma reação, postou-se entre os dois e, amparando suas mãos sobre os ombros deles como a abraçá-los, dirigindo-lhes um significativo sorriso de satisfação e orgulho, acenou-lhes positivamente com a cabeça aprovando, não só o gesto de ambos, mas também percebendo-lhes os pensamentos. Sussurrou aos seus ouvidos:

- Louvado seja nosso Senhor Jesus! Por ora, podem permanecer aqui e auxiliar, voltarei mais tarde para que possamos continuar nossa visitação. - Retirou-se depois de abraçá-los individualmente e efusivamente, muito emocionado.

Passados três dias de intensa atividade, os irmãos apresentavam nítidos sinais de desgaste, não possuíam ainda vivência no plano espiritual que lhes propiciasse a necessária estabilidade de suas energias pessoais, quando então surgiu o sorridente Renan, que os convidou ao repouso, não sem antes expressar sua profunda satisfação com eles.

Ameaçando um protesto, desistiram diante do expressivo olhar de Renan e com ele se retiraram sob o olhar agradecido de todas as matronas que lá estavam em atividade assistencial.

Após o merecido repouso e uma frugal refeição à base de sucos, foram reconduzidos até Renan que, após os cumprimentos, esclareceu:

- Aqueles espíritos estão vivendo uma ilusão momentânea e passageira, detendo-se na infância. Quando falamos em ilusão passageira, lamentavelmente o ser encarnado entende como coisa de um lapso temporal pequeno, o que é, muitas vezes, absolutamente incorreto, pois não são todos os espíritos que em curto espaço de tempo terrestre recuperam a forma adulta, tanto na sua aparência física quanto na sua maturidade mental. Para isso, é preciso que retrocedam a sua antiga forma corporal e situação mental, o que acontece com aqueles já mais adiantados no processo evolutivo. Os que ainda têm dificuldade em se libertar da ilusão da matéria avançam paulatinamente para uma nova forma adulta num espaço de tempo que varia de algumas semanas a poucos anos, sendo que a maioria o faz em questão de meses, obedecendo ao imposto pela programação genética pré-encarnatória de sua última existência física. Este é o caso da maioria dos que vivem esses transes. Alguns teimam em estacionar por motivos diversos, conforme citei anteriormente: para fugir de seus algozes escondem-se sob o aspecto infantil e granjeiam a simpatia de alguns desavisados; outros por oportunismo, para obter favorecimentos por meio da exploração da piedade alheia; muitos vão além da auto-hipnose, são espíritos muito influenciáveis que esquecem que foram adultos e voltarão a sê-lo novamente; outros ainda por indução mento-magnética de terceiros, como, por exemplo, pelos pais que, por meio de fortes mentalizações decorrentes da dor da saudade os prendem à forma infantil, também estes são espíritos mais ou menos facilmente influenciáveis; e há muitos outros casos ainda que, com o tempo, vocês conhecerão, inclusive em detalhes, testemunhando-os pessoalmente. Para a maioria - concluindo o seu esclarecimento -, lamentavelmente, o processo de recuperação é um tanto quanto lento e, não raro, emocionalmente penoso.

Após pequena pausa, para que os irmãos absorvessem as informações, agora um pouco mais detalhadas, Renan continuou:

- Kardec nos trouxe, por meio de *O Livro dos Espíritos*, algumas informações úteis a respeito, como esta que lhes apresento:

> **Questão 381** – *Quando morre uma criança, o espírito que a animava retoma imediatamente o seu vigor precedente?*
>
> *"Sim, pois ele se livra do seu envoltório carnal. Mas não adquire sua anterior lucidez enquanto não esteja completamente desembaraçado daquele envoltório; isto quer dizer que só é livre e outra vez lúcido quando nenhum laço existe entre ele e o corpo que deixou."*

A resposta não poderia ser mais exata, entretanto, os que analisam a questão superficialmente têm a ideia de que assim **tem de ser**[6] **IMEDIATAMENTE** em todos os casos, ou seja, a criatura deveria, de pronto, assumir a condição adulta. O que vemos, na verdade, é que os **laços que prendem o espírito ao corpo**[7] não se resumem aos laços fluídicos perispirituais, que sustentam a vida

6. Realce do autor espiritual (N.A.E.).

7. Realce do autor espiritual (N.A.E.).

física conjuntamente com o espírito, mas também há os laços psíquicos e os mentais, que configuram o elo que os retém não propriamente no corpo físico, mas mais exatamente à existência terrestre representada por este último. Esses laços psíquicos e/ou mentais são, na maioria dos casos, a origem do drama da infância no plano espiritual.

- Os próprios espíritos - continuou Renan - que concorreram com Kardec na elaboração da codificação da doutrina espírita, à época alertaram não uma, mas muitas e muitas vezes, que nem tudo poderia ser revelado, pois o homem carecia, carece ainda e sempre carecerá, enquanto dependente da matéria, de maturidade para compreender certos aspectos e verdades da existência espírita, até que finalmente se despoje de todas as imperfeições que amealhou para si mesmo e atinja a perfeição plena e absoluta a que Deus nos destinou. O homem vai se encontrar sempre em constante progresso e evolução e, conforme for amadurecendo em sua compreensão, receberá novas lições e esclarecimentos. O Espiritismo é doutrina essencialmente progressista, dinâmica e evolutiva, jamais será obra completa, tendo em si constantemente agregados novos conhecimentos. Os que, até então, lhe foram agregados, desde a época da codificação, assim como a própria codificação, que nos serve não só como guia, mas também como base de análise para todos os novos conceitos e conhecimentos, jamais serão ultrapassados, pois são as expressões de uma verdade imutável. Enganam-se os que afirmam que "Kardec está ultrapassado", pois, por mais que se procedam melhorias em um edifício, seu alicerce jamais estará ultrapassado, se assim fosse o edifício ruiria. E o ideal será sempre um só, o ideal Cristão de que a humanidade se irmane em sentimentos e atitudes e de que todas as diferenças deixem de existir, pois o Pai Altíssimo nos criou a todos exatamente iguais e nos deu as mesmas oportunidades, diante das quais, muitas vezes, com nossa rebeldia e orgulho, nos corrompemos, e assim, consequentemente, padecemos em vales de dor e sofrimento, onde voluntariamente transformamos nossas existências.

Henrique não se conteve, sua curiosidade o instigava. Arguiu:

– Mas como explicar que o espírito, liberto dos grilhões físicos, liberto da manifestação física que o caracterizava como criança e, sendo ele originalmente adulto, conserve em si a aparência infante? Não consigo entrever o processo ou as causas exatas.

– Bem, o assunto é complexo e exige um estudo mais aprofundado para que possamos alcançá-lo sem nos deter em demasia em uma temática que por ora poderia ser legada a segundo plano.

Henrique sentiu-se corar, percebendo, acabrunhado, que ultrapassara os limites de sua curiosidade. Renan, gentil e amorosamente, sugeriu:

– Recorramos novamente a Kardec, em *O Livro dos Espíritos*:

Questão 142 – *Que dizer da teoria segundo a qual a alma se completa na criança em cada período de vida?*

"O espírito é um só, inteiro, na criança como no adulto; os órgãos ou instrumentos para a sua manifestação é que se desenvolvem. Ainda aí tomais o efeito pela causa."

– Trata essa questão da teoria de que, paulatinamente, a alma, ou seja, o espírito encarnado vai se desenvolvendo com o amadurecimento de seu veículo físico. Na verdade, o que ocorre é que, enquanto se dá o processo de concepção e consequente gestação no plano físico, o espírito candidato à reencarnação, já ligado ao feto desde a concepção, vai aos poucos perdendo noção de si mesmo, e esse processo se completa por ocasião do nascimento[8]. Uma vez que é imprescindível que o ser reencarnante atenda às leis naturais, dentre elas o esquecimento do passado e de si mesmo, durante a gestação, duas transições ocorrem simultaneamente: redução da memória e consciência, e perispiritual, a fim de que o perispírito do reencarnante se amolde ao corpo físico em formação, valendo frisar que todos os seus "órgãos" imateriais correspondentes também o fazem. Ambos os processos culminam no momento em que a criança nasce no mundo material, mais precisamente quando esta dá seu primeiro choro. Desse modo, o espírito encarnado, que doravante chamaremos de alma, para manter

---

8. Kardec, Allan. *O Livro dos Espíritos*. União da alma e do corpo. Aborto. 2ª parte, capítulo 7, questão 351 (N.A.E.).

a concordância com os escritos de Kardec, interrompe definitivamente a jornada anterior e começa outra. Enquanto não se libertar das mazelas espirituais, este ciclo vai se renovar constantemente: vida material seguida pela espiritual, para então recomeçar construindo uma nova personalidade em acréscimo às suas precedentes experiências, no grande teatro da vida eterna. A alma - continuou Renan - procedente de um espírito eterno, possui, no início de uma nova jornada, a qualidade de uma personalidade totalmente nova a ser construída. É, por assim dizer, uma página em branco, que deverá receber as letras que vão escrever uma nova história, cujo tema principal foi determinado por ocasião de sua preparação reencarnatória. Assim, todas as manifestações no plano físico encontram-se limitadas por seu novo e imaturo corpo físico, e suas ações como espírito também sofrem a imposição absoluta de seu perispírito, agora adaptado ao novo corpo em razão de sua programação genética.

Renan fez uma pausa, mas como não foi questionado pelos irmãos, continuou:

- Ressalto, mais uma vez, que esse processo de adaptação do perispírito ao novo corpo em formação e desenvolvimento traz como principal consequência a perda da consciência de si mesmo e da lembrança passada. Evidentemente, quanto mais evoluído o espírito, menos escravo dessas imposições ele será dentro de certos limites. Desse modo, ao desencarnar em tenra idade física, o espírito traz consigo o seu perispírito tal e qual como no momento do desencarne, portanto, somado aos esclarecimentos anteriores, teremos um quadro muito básico, mas esclarecedor desses processos tão intrigantes!

Primeiras experiências

Conduzindo-os para fora das dependências do hospital, Renan comunicou que uma caravana de socorro sairia rumo aos planos mais superficiais do umbral na crosta terrestre.

Ele e sua esposa já estavam com toda a equipe preparada, e todos partiriam com a caravana em poucos instantes. Antes, porém, Renan procedeu uma verificação para se certificar de que nada iria lhes faltar na incursão no umbral.

Aproveitando o ensejo, levou a essa verificação os dois irmãos explicando-lhes a estrutura da equipe formada:

– Nossa equipe é excepcionalmente formada por pouco mais de quinhentos colaboradores. Excepcionalmente porque, em geral, as equipes socorristas não contam com mais de cinquenta participantes. Isso ocorre por vários motivos, sendo o principal deles a dificuldade de se manter uma coesão de procedimentos de diversos elementos que compõem uma equipe desse gênero, em que a sincronia entre todos deve ser predominante. Além disso, um grande número de participantes atrai a atenção dos infelizes irmãos renitentes nas trevas que amealharam para si. Ante um grande contingente como esse, sentem-se ameaçados e, não raro, partem para o ataque por julgarem ser essa a melhor defesa. Eles nos veem como inimigos, pois muitas vezes lhes tiramos das mãos vingativas e cruéis os objetos de suas vinganças.

Ante o vivo interesse dos irmãos Gustavo e Henrique, continuou:

– A principal diferença desta equipe em relação a outras de menor número é quanto ao contingente de segurança.

Renan, posicionado à frente do vasto grupo, deu uma ordem silenciosa com alguns gestos, como se estivesse traçando símbolos em uma prancha invisível, o que fez surgir acima de sua cabeça um símbolo luminescente, ao qual todos, de forma extremamente organizada e em absoluto silêncio, obedeceram, colocando-se em uma ordem específica.

Demonstrando notabilíssima organização, todos assumiram rapidamente suas posições de deslocamento. Os irmãos se sentiram assombrados com tamanha ordem e sincronia.

– Tenho o hábito de, antes de iniciar uma incursão, repassar com todos da equipe socorrista os comandos de ordem, pois os integrantes de hoje não são necessariamente os de ontem. Observem.

Dito isso, Renan executou outros gestos sinalizadores a intervalos regulares, não sem antes se sentir absolutamente satisfeito com o resultado obtido anteriormente. Cada gesticulação gerava acima de si um sinal bem específico e absolutamente distinto, não apenas em sua forma, mas também em suas cores e tons, de modo a não ser possível confundi-los.

A cada sinal, o grupo, que se mantinha sempre no mais absoluto silêncio e ordem, assumia um novo posicionamento, que tinha seu propósito explicado por Renan em poucas e murmuradas palavras. Todos os posicionamentos eram destinados às diversas circunstâncias que a equipe poderia encontrar.

O último comando foi o que mais chamou a atenção dos dois irmãos. Lançado o sinal para o alto, todos os componentes socorristas se compactaram em círculo ao centro, voltados de frente para o perímetro consequente e, ao redor deles, dispuseram-se os que tinham a tarefa de zelar pela segurança do grupo.

Dezenas de silvícolas armados de diversas origens ergueram uma barreira fluídica, com trama similar à de uma rede de pesca de finíssima tecedura, porém, em vez de fios, viam-se traços luminosos de energia. Essa rede envolveu imediatamente todos os componentes do grupo, inclusive Renan e os dois irmãos, que estavam afastados do grupo, formando fina cúpula.

Ao redor dos silvícolas, à distância de cerca de três metros, postaram-se outras dezenas de impressionantes e belíssimos guerreiros africanos, que para os dois irmãos se assemelhavam aos zulus, porém com estatura e físico bem mais avantajados. Eles portavam aparatos em cujas pontas se podia perceber uma luminosidade latejante e vaporosa, que parecia prestes a detonar algum efeito. Guardiões iam postados à frente, nos flancos e atrás de todo o grupo, mas fora do perímetro da cúpula protetora.

Estes últimos impressionaram os irmãos, que mal podiam conter as perguntas que lhes surgiam na mente, não só pela aparência de alguns, mas por estarem conduzindo enormes feras, que, apesar de imporem forte impressão devido ao aspecto selvagem, era-lhes visível a docilidade e a obediência aos condutores.

Percebendo a sede de saber dos Viert, Renan, plenamente satisfeito, fez um sinal que eles interpretaram como "fiquem à vontade". Em resposta ao sinal, a cúpula foi imediatamente desvanecida e todos relaxaram, colocando-se discretamente em conversação. Em seguida, ele forneceu algumas explicações:

- Serei breve, pois nosso tempo é limitado. Estamos aguardando apenas que nossos batedores retornem dando sinal de positivo à nossa ação. Os sinais que vocês presenciaram só podem ser vistos pelos integrantes do grupo, que percebem minha intenção quando inicio a exteriorização de um comando e apreendem esses impulsos magnéticos observando-me. Essa comunicação comprovou, na prática, ser a mais eficiente dentre as alternativas das quais lançamos mão até o presente. À primeira vista, questiona-se por que não usar o pensamento. Eu explico que seria necessária uma homogeneidade muito grande no tocante ao aprendizado de todos os componentes do grupo, cuja impossibilidade dispensa maiores esclarecimentos. Tal método silencioso de comando e comunicação – que é também eficiente no trato com seres intermediários, ditos naturais, e na movimentação de energias bem características, cuja aplicação é ainda mais específica – aprendi em terras brasileiras, em um longo período de aprendizado que tive por bênção divina. Naquele período em que me formei orientador de caravanas de socorro, assimilei a técnica com espíritos de humildade e devoção simplesmente apaixonantes, lá conhecidos como pretos-velhos. Os silvícolas que vocês observaram são de diversos países, muitos são caboclos e índios brasileiros, sul-americanos, norte-americanos, valorosos guerreiros e xamãs de tribos africanas e asiáticas, a maioria quase absoluta deles ainda está dando os primeiros passos na humanidade, condição conquistada relativamente há pouco tempo. Todos aqui estão a convite de nossa colônia para auxiliar de forma realmente efetiva na segurança do grupo e na utilização mais eficiente dos recursos naturais, uso este ao qual estão largamente habituados e vastamente habilitados.

Uma pessoa de nossa cultura levaria décadas para assimilar modesta parte dos conhecimentos naturais que esses nossos irmãos possuem e, mesmo assim, não conseguiria atingir a eficiência e a amplitude da ação que esses nobres irmãos, ainda na infância da humanidade, possuem magnificamente, graças à pureza de seus corações, pouco ou nada corrompidos pelos apelos da matéria e dos sentidos, o que lhes faculta uma intensa integração com a natureza e seus mistérios.

Os irmãos prestavam atenção nas explicações, cada vez mais envolvidos.

- Como podem ver, todos temos o que aprender e ensinar, e aqui eles estão se sentindo em uma oportunidade abençoada de acelerar sua trajetória evolutiva. Mas nós é que nos beneficiamos com sua presença, e, em minha opinião, muito mais do que eles, pois com muitos deles descobrimos onde nos perdemos em nossa trajetória. Observem que eles carregam cabaças, potes e embornais. Em cada um destes recipientes, nossos irmãos índios e caboclos conduzem uma enorme variedade de elementos terapêuticos recolhidos na natureza de seus países de origem. Quando a caravana se coloca em atendimento de socorro, os médicos e enfermeiros que fazem parte de nossa equipe utilizam-se largamente dos recursos oferecidos por eles, pois, além de naturais, encerram em si uma semimaterialidade muito afim com o estado vibratório dos socorridos, geralmente ainda muito adensados, perispiritualmente falando. Sua eficiência em campo é notadamente superior às técnicas terapêuticas emergenciais que vínhamos utilizando, pois atuam sobre os fluidos perispirituais densos sem se corromper com as influências de baixa vibração. Isso nos permite recuperar e estabilizar nossos socorridos ainda em campo, e não mais horas depois em nossos institutos de atendimento no espaço. Sem contar que, dessa forma, poupamos sofrimento e facilitamos muitíssimo o transporte, pois os atendidos se tornam mais estáveis e suscetíveis às nossas orientações.

Após refletir alguns segundos, detendo sobre os índios e caboclos um profundo olhar de admiração, Renan continuou:

– Os nossos irmãos da África são guerreiros e xamãs impressionantes. Muitas vezes, basta a presença deles para o abandono de qualquer intento beligerante contra o nosso grupo. Seus "dispositivos" são capazes de desprender grandes quantidades de energia que, seguramente, não provocam nenhum ferimento, mas causam uma profunda e duradoura paralisia. Além disso, eles dominam técnicas ancestrais de controle mento-emocional respaldadas por seus conhecimentos das potencialidades de poderosas ervas africanas, com tal refino que, muitos assistidos, cujo estado mental violento os incapacitaria à assistência, sempre que possível, de acordo com o merecimento de cada um, têm suas mentes dominadas e reorientadas por poderosos recursos magnéticos, de tal forma que mudam a tônica agressiva para um estado consciente de percepção apurada de seu próprio estado e da necessidade de se submeter ao nosso amparo. Recomendo que, na primeira oportunidade que tiverem, estabeleçam um colóquio com alguns deles, asseguro-lhes que irão ficar, no mínimo, impressionados!

Falando isso, apontou para outro grupo com postura altiva, fundamentalmente militar, que beirava a arrogância e a presunção, e explicou:

– Os guardiões, bem, estes são a elite no trato da segurança ante nossos irmãos perturbados e recalcitrantes no mal. Vocês podem notar duas categorias distintas de guardiões. A primeira que nos salta aos olhos são os cavaleiros ou, se preferirem, os lanceiros. Atualmente, em razão da natureza de nossa tarefa, apresentam-se montados em belíssimos e valorosos animais, mas normalmente seguem a pé. São uma categoria de cavaleiros armados e escudados no estilo medieval, aparência que mantêm apenas por tradição. Vocês terão oportunidade de conhecer os "Lanceiros de Maria", notórios em suas ações defensivas e mantenedores da ordem em regiões mais densas e escuras. Originam-se, em sua maioria, da ordem dos Templários e da ordem dos Cavaleiros de Nossa Senhora. No passado, dedicaram-se às atividades militares ligadas a motes de caráter religioso, onde, em seguidas experiências no plano material, cometeram diversos erros em nome de Cristo. E não nos cabe, em momento algum, proferir palavra que seja a respeito. Afinal, quem ousa atirar a primeira pedra?

– Suas experiências mais recentes nesse campo ocorreram durante o longo período das Cruzadas. São profundamente destemidos e corajosos, possuem um valor soberbo que os coloca na vanguarda do grupo, tomando posições mais expostas, em busca de sua própria redenção.

Mais uma vez, Renan deteve-se nas explicações por alguns instantes, como a admirar intimamente seus colaboradores. Apontou para os espíritos que, em sua maioria, trajavam vestes elegantes e totalmente negras, compostas quase sempre de longas capas, botas de cano alto reluzentes e chapéus elegantes, e disse que muitos apresentavam o peito nu e atitude temperada com certo sarcasmo no olhar e na fala, além da aparente arrogância dos primeiros.

– A outra categoria são os "Guardiões das Sombras". São espíritos valorosos que se mantiveram por longos períodos, às vezes por milhares de anos, perdidos em seus caminhos, voltados para o mal e, como é natural que assim aconteça, cansaram-se dos sofrimentos autoimpostos e procuraram oportunidade de redenção nas equipes socorristas que fazem incursões em regiões mais profundas do umbral. A presença deles é essencial nas missões desempenhadas nas regiões umbralinas, em especial as mais inferiores, onde estes se sentem absolutamente à vontade. Deslocam-se sem esforço e recebem pouco ou nenhum efeito negativo, ao passo que para nós entrar em tais zonas umbralinas representa um verdadeiro suplício, pelo esforço que nos é exigido para a sustentação do equilíbrio pessoal. Eles conhecem o linguajar característico do umbral inferior, os modos, as armadilhas, as sutilezas e malícias. Possuem muitos amigos que ainda não se dispõem ao caminho pela luz, mas, sempre que podem, auxiliam de diversas formas.

– Quando em missão nas regiões mais profundas e infelizes, são eles que tomam a frente, e não raramente assumem a liderança temporária sobre as ações do grupo de socorro. Carregam consigo, ocultos sob suas capas, "dispositivos" que emitem, sob o comando mental, fortes descargas, como as elétricas, que não provocam nenhum dano, mas causam uma terrível e paralisante dor, ainda mais severa que a dos irmãos africanos, da qual ninguém submetido a ela se esquece. Possuem, também, outros "dispositivos", mas seu uso é extremamente raro, e eles mesmos evitam ao máximo fazê-lo. Estes irmãos são incompreendidos e normalmente repelidos nos meios espíritas. Como, infelizmente, uma das maiores mazelas da humanidade terrestre é o preconceito, são pouquíssimos os que avaliam tais entidades nos intercâmbios mediúnicos com os critérios tão firmemente recomendados por Kardec nas obras da Codificação.

E continuou com certa tristeza em suas palavras:

– Jamais podemos nos esquecer de que são nossos irmãos, não criaturas infernais, mas sim seres humanos como nós, que se perderam em algum ponto da jornada. Muitos buscam se reencontrar na senda do bem e do amor. Defendo constantemente que devemos unir esforços, respeitando as diferenças. Não preconizo a fusão de doutrinas na Terra, mas sim a cooperação fraternal entre seus tarefeiros, posto que aqui em nosso plano é mais do que sabido que as diferenças não existem, todos colaboramos intensamente em favor da fraternidade. São imensas as colaborações que recebemos deles, não só nas atividades socorristas, mas também no teor de conhecimentos e informações que têm sobre práticas e métodos dos líderes do submundo umbralino.

Os irmãos se espantaram com os comentários de Renan, entreolharam-se tentando se orientar dentro do contexto. O instrutor, percebendo o desconforto, de pronto desculpou-se:

– Meus queridos irmãos, desculpem minhas palavras... Não sou um espírito de luz, mas sim alguém que está percorrendo sua estrada evolutiva e ainda tem muitos defeitos, dentre estes vejam a ironia, a intolerância própria com os que se julgam senhores da verdade, como se eu mesmo o fosse! Ainda guardo a tendência de defender impetuosamente aqueles a quem me afeiçoo e admiro. Será um grande dia para o Espiritismo quando algumas barreiras caírem e meus queridos e amados irmãos "Guardiões das Sombras" forem corretamente interpretados e, finalmente, terem sua colaboração franca e abertamente aceita pelos homens da Terra, pois aqui eles não apenas o são, como os retemos em nosso coração.

Após poucos momentos de silêncio e reflexão, Renan continuou com os esclarecimentos sobre os componentes do grupo, apontando-os um a um:

– Os irmãos colaboradores que ocupam o grupo central são médicos, enfermeiros, especialistas em transporte de socorridos, irmãos dialogadores, que estabelecem conversação fraterna e orientadora, para que os mais recalcitrantes, dentre os aptos ao socorro, compreendam a oportunidade que se lhes apresenta com nossa presença. Outros que participam na condição de treinandos, no intuito de se incorporar às nossas caravanas com desenvoltura e, por último e não menos importantes, nossos especialistas em comunicação, vitais para a correta e coordenada ação do grupo como um todo.

Apontando para uma área distante, mas perfeitamente visível, atrás do grupo, Renan explicou:

– Lá naquele local, semelhante a um ramo de samambaia, está o nosso centro de transporte. É uma espécie de estação central, muito mais sofisticada que as conhecidas na Terra. De lá partem diversos veículos de transporte destinados aos que não estão aptos à volitação e ao transporte massivo de recursos diversos. Quando estivermos em plena atividade socorrista, vocês notarão que, em dado momento, alguns veículos surgirão repentinamente. Para estes veículos serão conduzidos numerosos grupos de espíritos recolhidos das zonas que agora vamos visitar. Tal movimentação e coordenação com nossas ações, dentre outras atribuições, são de responsabilidade dos especialistas em comunicação.

Renan concluiu sua explicação, acercou-se dos dois, e um rapaz jovem, trajado no estilo dos "Guardiões das Sombras", com atitudes respeitosas, dirigiu-se a ele:

- Senhor, os batedores comunicam que o momento está propício para a ação!

Renan agradeceu a informação e apresentou o jovem aos irmãos Viert:

- Este é Clécio, um dos técnicos a que me referia!

Clécio, após cumprimentar os irmãos, acrescentou:

- Temos de ser rápidos, pois teremos pouco tempo para agir antes de nossa presença ser percebida pelos guardiões das trevas, que não são cooperadores. Quanto aos grupos que buscam vingança e operam perseguições naquela área, já os desviamos para áreas distantes e demandarão muito tempo para retornar àquelas plagas.

Ante o olhar perplexo dos irmãos, Clécio adiantou-se nos esclarecimentos:

- Chamamos de guardiões das trevas, título que ostentam entre si, nossos irmãos que ainda se dedicam ao labor trevoso e do mal, compondo suas milícias, mas que um dia hão de se aliar a nós na busca de redenção e salvação! - afirmou com um expressivo sorriso.

- O irmão Clécio - acrescentou Renan, enquanto iniciava uma série de sinais ao grupo socorrista - foi um guardião das trevas que, cansado do sofrimento e da solidão, aceitou um convite de um grupo socorrista. Uniu-se ao grupo e passou a lutar pela própria redenção. Após longo período de aprendizado e excepcional dedicação, passou por três experiências redentoras na carne, saindo-se sempre vitorioso em seus esforços. Hoje, guardando ainda a lembrança destes tempos, tornou-se um valoroso colaborador no departamento de comunicação.

Atendendo aos sinais, o numeroso grupo dispôs-se de forma ordenada e entrou nos diversos veículos, cuja silenciosa aproximação passara desapercebida aos irmãos Viert. Em poucos segundos, estavam devidamente acomodados.

Instruídos por uma voz que os dois não puderam definir de onde vinha, mas supuseram acertadamente se tratar da voz do condutor do veículo, todos os componentes da caravana se colocaram em prece silenciosa, enquanto o comboio partia ordenadamente, decolando suavemente.

Como ambos ainda não haviam experimentado esse tipo de transporte, sentiram um leve e rápido torpor na decolagem.

Minutos depois, experimentaram a mesma sensação da decolagem, porém menos intensa, e a mesma voz comunicou a chegada ao destino.

Tudo os impressionava, especialmente a profunda ordem e silêncio com que todos se deslocavam e cumpriam seus papéis.

Perdão

Uma vez reagrupado o contingente de socorro, Renan procedeu a sinalização e o grupo colocou-se em marcha silenciosa. A paisagem sofrera profunda transformação. Seguiam por uma espécie de estrada natural, como se tivesse sido espontaneamente originada pelo constante vaivém de pessoas, mas pessoa alguma se via em direção alguma.

A visibilidade era pouca. O ambiente escuro e nebuloso apresentava-se opressor. O ar era de difícil respiração, pesado e malcheiroso. A estrada tortuosa era elevada cerca de um metro do restante da paisagem, que era lúgubre, quase sem vegetação, que se restringia a poucas árvores aparentemente sem vida e retorcidas. Percebia-se ser o solo quase todo pantanoso e fétido.

Os irmãos seguiam ladeando Renan, que os conduzia em silêncio, como todos os outros. O silêncio lhes foi recomendado antes de deixarem o veículo.

Entre sons indefiníveis, sussurros lamuriosos, provenientes da escuridão, lamentos de dor e sofrimento, choros convulsivos e palavras de baixo calão lhes chegavam aos ouvidos.

Em dado momento, como se silenciosa presença tivesse despertado a atenção de alguém, ouviram uma voz feminina, aparentemente jovem, suplicando do escuro. Quase à beira da estrada, à frente deles, puderam notar, com certa dificuldade, a presença de uma moça, cuja aparência lhes causara funda e dolorosa impressão.

Como os irmãos fizeram menção de se dirigir até ela, Renan os impediu, segurando-os firmemente pelos braços, e lhes dirigiu um olhar de reprovação. Apesar de tenderem ao protesto, eles sabiamente se detiveram no intento e observaram Renan, que seguira em frente, como se ignorasse o pedido de auxílio que lhes fora feito por aquela tão bizarra figura feminina.

Quando, aproximadamente, metade da caravana havia passado por ela, esta, dando-se conta de que não teria seus apelos atendidos, modificou-se totalmente no proceder e começou a lançar em alto e bom tom uma série de impropérios e palavras de baixo calão, e sua antes piedosa expressão foi substituída por faces aterrorizantes. Um dos guardiões se aproximou dela e, tendo retirado um "dispositivo" que mantinha oculto sob sua capa, apontou-o na direção da jovem perturbada, a qual, com os olhos esbugalhados de pavor, imediatamente se calou, evadindo-se do local, visivelmente contrariada, mas em silêncio, o que deixou claro para os irmãos que ela já tivera experiência precedente com a arma que lhe fora apontada.

Os irmãos olharam-se espantados e compreenderam que, naquelas circunstâncias, o melhor seria apenas observar tudo sem interferir. Após cerca de meia hora de caminhada difícil, a estrada, antes plana, inclinara-se, descendendo intensamente, o que dificultava a caminhada. De repente, foram amparados por Renan que, notando como a alteração os havia impressionado, sussurrou-lhes:

– Não se deixem afetar pela paisagem, quaisquer dificuldades que aqui enfrentem são consequências de quanto a mente de vocês se impressiona com as aparências!

Imediatamente, ambos se recordaram de uma aula que tiveram a respeito do deslocamento em regiões de baixa vibração e buscaram o equilíbrio de si mesmos, o que levou poucos segundos. Dessa forma, a caminhada passou a não lhes causar dificuldade.

Cerca de uma hora se passara desde que a caravana seguia em sentido descendente. A inclinação diminuiu paulatinamente e, em dado momento, eles desviaram a rota em uma trifurcação. O novo caminho era plano, mas o aspecto da paisagem era ainda mais opressor.

Repentinamente, a estrada desvaneceu-se em vasta e ampla clareira, de onde se podiam divisar diversas trilhas em todas as direções, bem como os braços de um polvo extraordinário, de múltiplos tentáculos.

A paisagem era de vasto pântano, e podia-se perceber que o local era estranhamente habitado por criaturas que não se deixavam ver. O pouco que se percebia delas era suficiente para causar espanto aos mais corajosos.

Chegando à clareira, Renan dirigiu-se ao centro e emitiu alguns sinais que causaram imediata reação por parte dos componentes da caravana, os quais se puseram em apressada, mas ordenada e silenciosa atividade.

Dezenas de pequenos grupos se formaram. Cada um deles era uma versão reduzida, mas bem proporcional ao conjunto total da caravana. Assim, eles se dispersaram rapidamente pelas muitas trilhas, desaparecendo na escuridão opressiva.

Os irmãos Viert permaneceram ao lado de Renan na clareira, profundamente impressionados com tudo o que se desenrolava. Renan limitava-se a lhes sorrir em silêncio.

Seus pensamentos ferviam com tantas indagações, os dois procuravam anotar tudo mentalmente para que, em momento oportuno, pudessem inteirar-se a respeito do que viam passivamente.

Depois da dispersão geral, um segundo grupo de dez componentes chegou ao local.

Equipados com máquinas que fugiam totalmente à compreensão dos irmãos, com a anuência silenciosa de Renan, colocaram quatro pequenos dispositivos equidistantes entre si, cobrindo quase toda a área da clareira, que contava com, pelo menos, quatro quarteirões de comprimento por três de largura.

Ao sinal de Renan, os dispositivos foram acionados um a um, e começaram a emanar levíssimo brilho enevoado, de um suave tom violáceo.

Afora isso, nada mais lhes era perceptível. Quando todos estavam em operação, Renan sorriu aliviado e dirigiu-se, agora normalmente, aos irmãos Viert:

- Pronto! Agora estamos relativamente seguros. Os dispositivos que os técnicos em edificação implantaram na clareira darão a todos os incautos a impressão de que aqui se encontra uma imensa rocha, ladeada por espinheiros e, da mesma forma que os dispositivos nos ocultam por meio dessa palpável ilusão, impedem que os sons aqui originados saiam dos limites circunscritos por eles. Já podemos dialogar sem receio de sermos descobertos pelos infelizes desta região.

Os irmãos Viert olhavam para Renan angustiados, por conta da enormidade de questões que lhes ferviam na mente. Ele, rindo, disse:

- Peço que mantenham a calma! No momento apropriado, vou responder às dúvidas que tanto os martirizam. Por ora, quero esclarecer que este lugar, esta clareira, não é natural da região, nós a criamos artificialmente por meio de técnicas que nossos irmãos experientes em edificações dominam com maestria, e dela lançamos mão como base operacional provisória nesta região do umbral. Os dispositivos cuja instalação e ativação vocês presenciaram são uma pequena parte do procedimento. Além da ilusão de que lhes falei, qualquer um que se aproximar e não fizer parte do nosso grupo, ao tocar nessa ilusão, ou seja, ao tocar nos espinhos, vai se sentir ferido por eles. Mas, na verdade, eles são absolutamente inofensivos. Os membros de nossa equipe dispersos pela área, em plena atividade, são os únicos aptos a identificá-los nessa região.

Renan refletiu rapidamente e ajuntou:

- Não são os únicos, pois já existem muitos guardiões das trevas que dominam a técnica necessária para identificá-los, mas estes se encontram muito longe daqui, posto que nosso pessoal que com eles interage, nossos guardiões, cuidaram para conseguir o afastamento deles por dois dias, numa espécie de trégua negociada! Mais tarde - continuou, demonstrando estar se divertindo muito com a impaciência dos irmãos, mas impressionado com sua disciplina - trataremos deste e de todos os outros tantos assuntos que nosso trabalho gerar em suas fervilhantes mentes.

Renan, então, lhes deu liberdade para interagir com quem lhes aprouvesse, dentro dos limites da clareira, recomendando-lhes expressivamente que não os ultrapassassem, sob nenhuma circunstância ou pretexto.

Se, porventura, julgassem necessária uma intervenção qualquer, deveriam solicitá-la a alguém que estivesse por ali e que fosse preparado para enfrentar as diversas situações.

Gustavo e Henrique, sempre juntos, pois gostavam de trocar impressões, colocaram-se em movimento, observando as diversas atividades que se desenrolavam ali.

Uma das que mais lhes chamaram a atenção foi a dos técnicos em edificações, que celeremente montaram uma estrutura plana no solo irregular e instável da clareira. Eles se dedicavam a expandir um tipo de placa cujo material lhes era totalmente desconhecido. As placas, flexíveis, eram retiradas de dentro de tubos e então desenroladas e submetidas a uma emissão luminosa proveniente de um pequeno dispositivo em forma de funil, tornando-se rígidas. Foi o que constataram, pois tiveram permissão para manipular uma delas, muito leve e fina, mas extremamente rígida e resistente.

Depois, as placas foram ligadas umas às outras sem nenhum esforço e dispostas sobre pequenos pedestais. Parecia que elas se conectavam naturalmente.

Arguidos a respeito, os técnicos esclareceram tratar-se de um campo energético improvisado, que facilitava a movimentação dos veículos que para lá se dirigiriam mais tarde, a fim de recolher os assistidos pelas equipes socorristas em campo.

Os técnicos também esclareceram que seria perfeitamente possível aos veículos pousar e partir normalmente sem tal plataforma, mas este recurso adicional propiciava uma manobra muito maior em terreno tão inóspito, o que lhes renderia preciosos minutos, posto que, devido às circunstâncias, apenas um veículo por vez poderia se aproximar.

Não tardou e os primeiros grupos socorristas começaram a chegar, levando consigo uma miríade de espíritos sofredores, em condições tais que causariam aos mais insensíveis um profundo pesar.

Quando estivessem na colônia, seriam informados de que, quando a Segunda Guerra Mundial teve início, apenas quarenta por cento dos vitimados da Primeira Guerra Mundial haviam sido socorridos, e que, seguramente, os trabalhos socorristas das vítimas da Segunda Guerra no plano espiritual seguiriam ainda por muitos anos.

Mesmo as colônias tendo engrossado significativamente o número de colaboradores nas equipes de socorro, os dramas que se desenrolaram nestes dois períodos tão negros da história da humanidade foram tão vastos que, passados quarenta anos do fim da Segunda Guerra Mundial, ainda eram muitos os necessitados.

Os dois irmãos não se fizeram de rogados e, desde a chegada da primeira equipe socorrista, puseram mãos à obra e não pararam um momento sequer de auxiliar.

Após dois dias de intenso trabalho, Julliete chamou-os para um merecido descanso, a que, apesar dos protestos, não conseguiram resistir.

Ela os afiançara de que em poucos momentos a empreitada seria encerrada, pois as equipes já não estavam mais retornando aos pântanos de onde traziam seus socorridos. Além disso, outras ocupações os aguardavam.

Formando um grupo de três e instruindo os irmãos Viert quanto ao procedimento de que iriam lançar mão, inédito para eles até então, a volitação, Julliete tomou-os pelas mãos, um de cada lado e volitou.

Num átimo, eles se encontraram em uma paisagem muito bela, que imediatamente reconheceram: os Alpes austríacos, que agora se apresentavam muito mais belos do que podiam se recordar.

Ali foram levados a um posto de socorro avançado. Descansaram por algumas horas e depois receberam alimentação e reposição de energias. Depois, Julliete os convidou para integrar um pequeno grupo de socorro, cuja tarefa seria bastante peculiar, definição dada por ela com certo ar de mistério, não os informando nenhum detalhe a respeito.

Socorro familiar

Naquela mesma região dos Alpes austríacos, todos entraram novamente na zona umbralina e seguiram até uma espécie de pântano.

Nesse local, encontraram muitos espíritos que na Terra, enquanto encarnados, foram extremamente materialistas, davam muita importância ao dinheiro e à ostentação das posses materiais.

Um quadro assombroso se apresentava diante dos olhos deles: homens e mulheres esqueléticos na aparência, maltrapilhos e com expressão de quem se via em um estado mental de profunda alienação e loucura. Gesticulavam como se retivessem consigo verdadeiras preciosidades, que nada mais eram do que seixos imundos, gravetos espinhosos e retorcidos, que lhes feriam a pele, e folhas secas. Contudo, em profunda decrepitude mental, insistiam em reter com eles.

Os pobres espíritos blasfemavam contra a situação estranha e bizarra na qual se lançaram em razão da sanha materialista e, ao perceber a presença dos socorristas, juntavam seus pseudotesouros em seus trapos e ora fugiam desesperados, temendo ser roubados, ora buscavam agredi-los com a intenção de afastá-los. O volume de tralhas acumuladas era tão grande que eles não conseguiam se deslocar sem deixar para trás ou ao longo do caminho grande parte.

Julliete pediu aos componentes da equipe que se mantivessem em um local ermo, aguardando seu retorno e, conduzindo gentilmente os irmãos Viert por meio dos estreitos caminhos daquela região pantanosa, orientou-os, por meio da prece e da ação mento-magnética, sobre si mesmos, como elevarem seu tônus vibratório de forma a se tornarem imperceptíveis aos infelizes habitantes da região.

Achegando-se a alguns daqueles irmãos sofredores, explicou-lhes:

- Vejam, ajuntam em torno de si diversos objetos imundos, seixos, gravetos, folhas ressequidas e repelem qualquer um que deles se aproxime, denunciando extrema angústia diante da possibilidade de ter seus estranhos pertences ameaçados, como se alguém fosse privá-los destes.

- Eles agem como se protegessem um fabuloso tesouro! - exclamou Gustavo.

– Exatamente! Investiguem-lhes o campo mental e observem o que se passa na mente doente deles.

Atendendo à orientação de Julliete, os irmãos se aproximaram daquelas pessoas perturbadas e ensimesmadas e constataram facilmente que, aos seus olhos, aqueles seixos, gravetos e folhas eram tesouros de imenso valor: eram moedas, ornamentos de ouro, joias, títulos financeiros e similares.

Em dado momento, foram alertados por Julliete para que se afastassem rapidamente, pois o quadro geral ali sofreria dramática alteração.

Poucos segundos depois, ruídos vindos da escuridão se fizeram audíveis, e eles notaram que os avaros, que ali viviam suas ilusões materialistas, foram tomados de profundo pânico, empalideceram e, freneticamente, em evidente desespero, procuraram juntar o quanto podiam e tentaram se evadir do local. Como suas vestes estavam rotas e insuficientes até para cobrir-lhes decentemente os corpos, seus pseudotesouros teimavam em cair no chão lodoso.

A sanha materialista que ali os conduzira fazia-os interromper a fuga para recolher o que caía. Quanto mais tentavam juntar, naquele desespero que deles se assomara, mais os pertences caíam. Pateticamente se faziam vítimas de sua ganância, crentes de que cedo ou tarde poderiam se servir de suas riquezas para pôr fim ao estado de coisas que os fustigava, tencionando, de alguma sorte, subornar alguém.

Surpreendidos e impedidos por Julliete de prestar socorro, os irmãos Viert apenas assistiam aos fatos que se desenrolavam.

Um grande grupo de algozes se aproximou dos aterrorizados "fantasmas de ricos", como foram descritos por Henrique mais tarde, e fustigou-lhes um a um com uma tremenda surra de socos e pontapés, tirando-lhes os "tesouros", que lançavam com gritos de prazer odioso a longa distância, nas partes mais profundas daquele pântano.

Enquanto faziam isso, rindo diabolicamente, dirigiam impropérios de toda a sorte e os escarneciam:

– Vai, Judas, corre atrás de suas moedas de ouro. Vai, traidor e infiel! Vamos ver se seu ouro pode salvá-lo aqui! Onde estão seus capangas, agora? Compre sua salvação! Veja se quem se vendeu à indulgência pode ajudá-lo agora...

Surgiram outros algozes carregando um homem amarrado a traves, dispostas como na "cruz de Santo André". Sua aparência era pouco humana, haviam evidências em seu corpo de ter sido submetido a cruéis torturas, e o que restou de seus trajes comprovavam ter sido ele, em sua última estada na Terra, um importante clérigo.

– Olhe, desgraçado, olhe bem! – gritou o que aparentava ser o líder do insólito grupo. – Veja aqui aquele que lhe vendeu a indulgência, o mesmo a quem pagou para se livrar de mim na fogueira da inquisição! Pague a ele com sua imundície para que o salve agora!

Todos os componentes do grupo riam muito, cheios de ódio e desejo de vingança, sem interromper o castigo físico.

Julliete alertou os irmãos para que se mantivessem apenas observando, buscando manter o equilíbrio de si mesmos com preces constantes ao Senhor.

Conduzindo-os para longe dali, esclareceu:

- Aquele pobre irmão, mergulhado em sua demência materialista, fez mau uso da abundância material que o Pai lhe conferiu com nobres objetivos, amealhando para si graves débitos com a lei. Diversas vezes comprou favores de religiosos poderosos no mundo material, no sentido de, sob o manto vergonhoso da Inquisição, livrar-se de seus oponentes sob falsas acusações de heresia. E toda vez que os protetores espirituais se aproximavam dele, procurando conduzi-lo de volta ao caminho do amor ao próximo, do esquecimento de si mesmo por meio das lições do Evangelho transmitidas nos sermões, nas missas, deste ouviam deturpada interpretação das escrituras, que satisfaziam à sua embotada e viciada consciência na riqueza e nas facilidades; assim, ele comprava a peso de ouro sua indulgência, após as confissões de seus pecados, que não eram poucos.

Com o olhar perdido em cismas profundas, após alguns segundos, Julliete recobrou a situação e continuou:

- O numeroso grupo que vimos fustigando um a um os que se viam presos à sua própria demência materialista, nada mais são que vítimas daqueles que, outrora na carne, não souberam aplicar os talentos que o Pai lhes confiou. Não compõem o número total de vítimas destes primeiros, pois nem todos se recalcitram no ódio e na vingança. Muitos sabem perdoar, e em toda dor e sofrimento reconhecer a Justiça Divina em ação, mas outros não conseguem alçar tal voo. Este grupo de algozes, antigas vítimas, resolveu se unir, pois tem muitos "inimigos" em comum, e juntos sentem-se mais fortes e menos vulneráveis para realizar a sua vendeta.

- Vulneráveis? A quem? Já que aparentam destemor e força bruta temerável? - interpelou Henrique.

- Aos seus espíritos protetores, que buscam demovê-los de seus intentos vingativos. É um pacto que fizeram após "perderem" alguns companheiros. Em grupo, vigiam-se mutuamente, e sempre que notam algum fraquejar, cercam-se deste e bombardeiam-no com os mais absurdos argumentos, no sentido de impedi-lo de "escapar" - respondeu Julliete com um triste sorriso. Além disso, em grupo, as agressões são mais intensas e, na visão deles, mais eficientes. Armam-se com a mesma covardia da qual foram vítimas em seu passado, cada um se justificando com suas próprias fraquezas, seja no passado ou no presente. São quadros muito tristes e, na maioria das vezes, nada podemos fazer a não ser aguardar que a lei se cumpra, ceitil por ceitil, por meio da purgação e da dor, da inconsciente ação corretiva de suas próprias consciências culposas pelos males acumulados em anos de numerosos e insistentes erros cometidos.

Com o tempo, tanto vítimas como algozes se cansam de errar e sofrer as consequências e, vencidos em seu orgulho, curvam a fronte ao solo e rogam perdão ao Mais Alto. Restringimo-nos a periodicamente levar-lhes o conhecimento ou a lembrança de que todos dispõem desse recurso, dessa possibilidade. Oferecemos nossa assistência na obtenção do êxito de redimir-se, se assim o desejarem.

Após os esclarecimentos, Julliete os conduziu a um local não muito distante dali, indicando-lhes um senhor de idade bastante avançada, a um canto, postado de costas ao ponto onde eles se detiveram.

Ao lado daquele espírito estava seu protetor, e Julliete explicou-lhes que aquele espírito sofredor estava prestes a se encontrar na condição mental mínima necessária para ser socorrido e retirado dali, uma vez que amargara por certo tempo pelas faltas cometidas quando encarnado, viciando sua mente no materialismo, ocasião em que foi rico comerciante.

Já com certa consciência de seus erros e faltas, estava disposto a dominar seu orgulho e a rogar perdão ao Pai Maior. Mentalmente, Julliete chamou o protetor daquele espírito e lhe apresentou Gustavo e Henrique.

O protetor espiritual daquele homem mostrou-se extremamente satisfeito com a presença dos dois e, francamente animado e otimista, afirmou-lhes que a presença deles seria extremamente útil e muito provavelmente preponderante.

– Singularmente útil – acrescentou Julliete, com o mesmo ar misterioso de antes.

Os dois irmãos entreolharam-se sem nada compreender, mas, imediatamente, orientados para tal, acompanharam o protetor daquele senhor até junto dele.

Acercando-se do homem, encontraram-no de cócoras, olhando para o chão, com as mãos postas nos lados da cabeça. Chorava convulsivamente. Os irmãos, comovidos com a cena e sem identificar aquele que ali se debulhava em lágrimas, colocaram-se em sincera prece por ele.

De seus corações, raios de vibrante luz branca envolveram o senhor que, sentindo uma profunda influência em seu espírito, curvou-se ainda mais, caiu de joelhos e, juntando as palmas das mãos, passou a implorar perdão a Deus por suas falhas, em voz nítida e alta, profundamente comovido.

Henrique reconheceu imediatamente a voz de seu avô, o senhor Half Viert, pai de Petrus, e, surpreendido, traiu o silêncio que lhes foi solicitado:

– Vovô!?

Gustavo, atônito diante do avô, que jamais conhecera quando encarnado, deixou-se envolver pelos sentimentos do irmão, e profunda comoção se fez sentir em ambos.

Sentiam-se impelidos a fazer grande esforço para controlar os sentimentos. Agacharam-se próximos ao avô, e Henrique, colocando a destra sobre sua cabeça, disse:

– Avozinho, sou eu! Seu neto Henrique. Deus, em sua infinita misericórdia, atendeu suas preces. Jesus nos enviou para socorrê-lo!

Como a última lembrança do avô era de Henrique criança, quando este se voltou para ele o viu como criança e, para espanto de Gustavo e do protetor de Half, sob o forte fluxo mental do avô, Henrique assumiu essa forma física, exatamente a que possuía quando se deu o desencarne do avô.

Isso trouxe a Half sentimentos de tal pureza que quebraram os grilhões que o mantinham preso a sua dor e arrependimento.

A consciência, por vezes, nos atrela à dor por meio de um processo similar à auto-hipnose. Podemos afirmar se tratar de uma espécie de autopurgação, pois, muitas vezes, temos dificuldade de nos sentir perdoados.

A presença de Henrique com aparência infantil proporcionou ao avô a certeza de que Deus o estava perdoando e, desta forma, permitindo-lhe o recomeço.

Todos ali se emocionaram profundamente. Half pôde ser resgatado e levado à mesma colônia de onde partiram Gustavo e Henrique, na companhia de ambos, de Julliete e de seu protetor, para lá receber o auxílio necessário.

Assim que Half foi acomodado, Henrique deixou o quarto e, imediatamente, retornou à forma original adulta.

Gustavo se sentia assombrado com esse efeito, mesmo sabendo como isso ocorria, pois em um dos cursos que eles fizeram, foi-lhes dada a explicação: era a força criadora da mente atuando sobre o perispírito da pessoa, a força das correntes mento-magnéticas em ação sobre o seu perispírito.

Gustavo, cheio de alegria, abraçou efusivamente o irmão e, chamando-o de pirralho, esfregou a mão na cabeça dele, dizendo:

- Veja lá, moleque, eu te pego! - ambos se divertiam muito com a situação, ao mesmo tempo que se sentiam extremamente felizes por terem conseguido auxiliar o avô.

A partir daí, quase todo o tempo deles foi dedicado ao socorro das vítimas da guerra. Ambos apresentaram um progresso notável nas técnicas de socorro, de controle das correntes mento-magnéticas, da mente e de penetração mental, tão necessárias para socorrer as vítimas que estavam auto-hipnotizadas pela culpa.

Evoluíram rapidamente, pois, em se tratando de espíritos mais evoluídos que se poderia supor ou que estes se permitiam admitir e transparecer, tudo era algo natural para eles.

Reencontros

Transcorrido algum tempo, foi permitido aos irmãos Viert fazer uma visita à família.

Chegando ao solar Viert, encontraram a mãe profundamente doente. Em virtude da tristeza pela perda dos filhos, Liandra sofreu uma acentuada queda nas suas defesas orgânicas, como consequência da depressão psicológica e, consequentemente, contraiu forte gripe que assolava a região naquele inverno de 1946.

Mal completara um ano do desencarne, foram alertados de que Liandra vivia seus últimos momentos no plano físico.

Receberam a autorização de permanecer com ela e com a equipe designada para o desencarne. O objetivo era cercá-la de cuidados até que o momento do desenlace chegasse.

Dois dias depois da chegada dos dois irmãos, o corpo de Liandra, tomado pelos vírus e totalmente desgastado pela febre na batalha do organismo contra a doença, não reuniu mais condições de sustentar a vida e, durante a madrugada, a equipe designada para realizar o desencarne procedeu ao desatamento dos laços vitais que a prendiam ao veículo físico. E ela desencarnou suavemente, apesar de seu estado psicológico abalado.

Liandra foi transportada inconsciente à Colônia Champs-Elysées e acomodada na enfermaria, pois suas condições espirituais, somadas à presença dos filhos, favoreciam isso.

Lá, o médico André Lizard foi apresentado aos irmãos e assumiu os cuidados a que Liandra devia ser submetida. Ela passaria por algumas intervenções que, para efeito meramente ilustrativo, seriam equivalentes a cirurgias no plano material.

Questionado por Henrique e Gustavo, que atuaram como médicos na Terra e ainda mantinham o gosto pela Medicina, André esclareceu:

- Todo aquele que desencarna em decorrência de um sentimento de culpa, mesmo que parcialmente em razão disso, carrega em seu perispírito "marcas" consequentes da fixação mental na culpa, seja esta procedente ou não. Observem o cardíaco - disse, indicando-lhes a área correspondente em Liandra -, expandam seus sentidos de visão e aprofundem-se nos detalhes, vejam as energias provenientes do centro nervoso perispiritual, ou seja, o duto central das energias psicoespirituais, originadas da transmutação ou da metamorfização das energias telúricas incorporadas ao perispírito. Quando o espírito está encarnado, possui os chacras básico e genésico; este último, mais se dinamiza que se modifica. Sem essa dinamização, a sustentação do ser na matéria e semimatéria, que é o nosso estado atual, questão de semântica ou de ponto de vista[9], seria impossível.

Após pequena pausa para que os irmãos pudessem absorver o enorme cabedal de informações que ele lhes estava passando, continuou:

– Agora observem no outro sentido, pelo chacra coronário. Podemos notar as energias puras, espirituais, que provêm constante e incessantemente de Deus, entrarem pela região central deste, cujo movimento rotacional em oposição à sua periferia é muito mais intenso. Podemos, também, constatar que há um vórtice, a exemplo de sorvedouro, que facilita ou até mesmo aparenta uma pressão negativa, como se fosse um vácuo ávido por absorver as energias divinas. No cérebro e no bulbo, as energias absorvidas, tanto as telúricas, em sentido ascendente, quanto as espirituais, em sentido descendente, são processadas e modificadas conforme as necessidades e,

---

9. Quando André Lizard refere-se à "semimatéria" como "nosso estado atual", ou seja, de espíritos desencarnados, apresenta-nos um ponto de vista diferente. O que denominamos "energia semicondensada", ele denomina "semimatéria". Por essa razão, a citação de ser uma questão de semântica ou ponto de vista (N.A.E.).

inclusive, obedecendo à forte influência do ambiente pessoal ou da psicoesfera em que o ser se encontra. Antes que essas energias, já devidamente modificadas, sejam distribuídas por todo o seu aparelho psicossomático, elas descem em grande volume e velocidade à "espiral braquial", onde são, mais uma vez, modificadas. Diminuindo o ritmo e adensando-se convenientemente são distribuídas por todo o aparelho e seus chacras. Como o chacra cardíaco e o umeral estão intimamente ligados à espiral braquial, pois são seus polos, como um sofisticadíssimo eletroímã, eles são os primeiros a sofrer as influências, positivas ou negativas, conforme o estado psicomental do espírito.

Mais uma vez, André, fixando sua atenção sobre os dois irmãos, como que a lhes investigar os pensamentos, fez uma pausa um pouco mais longa. Demonstrando satisfação, continuou:

– Qualquer desequilíbrio emocional ou desordem mental oriunda de uma inadequação nossa para com os objetivos verdadeiros de nossa constituição, conflitando, portanto, com a Lei Maior, provoca desordem no fluxo dessas energias, seja na sua captação, que ocorre nos casos mais graves de indisciplina perante os desígnios divinos, seja na sua modificação, cuja origem, na mais das vezes, encontra-se na não aceitação de si, no contexto da vida ou, ainda, no mau uso das possibilidades que portamos na nossa manifestação como seres que interagem dentro de um plano qualquer. A desordem do fluxo de energias provoca um conflito na mecânica dos chacras e das energias perispirituais, promovendo a formação das "marcas" a que me referi. Tais "marcas", além de atuarem como identificadores da condição evolutiva do ser no plano espiritual, promovem um distúrbio nas correntes energéticas espirituais entre os diversos corpos do espírito. Quando o espírito está encarnado, tais desequilíbrios se refletem em doenças físicas, desde o favorecimento na instalação de uma simples gripe, até casos mais extremos, como as doenças incuráveis ou cármicas e, mais além, as deformidades, sejam funcionais ou extremas. Quando desencarnado, as perturbações não se manifestam em doenças especificamente, mas sim em limitações sensoriais e na capacidade interativa e manifestativa do espírito desencarnado no plano espiritual em que se encontra. Os casos mais extremos, e que não são tão raros, resultam em degradações do perispírito, de molde a prejudicar o aspecto e a forma, às vezes destituindo completamente a aparência humana. Tudo isso serve ao propósito de conduzir o ser ao reajuste de proceder, seja no campo mental ou emocional. Ambos responsáveis pelos vícios e defeitos que carreamos em detrimento próprio. Não se trata de um processo punitivo, e sim da simples ação da Lei de Causa e Efeito, por meio dos dispositivos divinos que possuímos desde nossa criação.

Desviando o olhar para Liandra, e fixando-o profundamente na região cardíaca, André continuou com os esclarecimentos:

– No caso de Liandra, ela se sentiu culpada pelo desencarne de vocês, pois os incentivou a ir para Paris contra a vontade de Petrus, mesmo que mais tarde ele a tenha apoiado e concluído ter sido essa a opção mais acertada. Assim, não conseguindo se desvencilhar desse sentimento totalmente improcedente, mergulhou na culpa e passou a se considerar indigna de continuar vivendo, pois acreditou ter falhado como mãe. Por não possuir conhecimento mais profundo das leis que regem nossa existência, desconhecia que tudo o que acontecera tinha de acontecer: não por fatalidade, mas sim por cumprimento das leis imutáveis. Lembremo-nos de Mateus 5:18.

> *"Porque em verdade vos digo que, até que o céu e a terra passem, de modo nenhum passará da lei um só i ou um só til, até que tudo seja cumprido."*

– A falta de fé nos desígnios divinos constituiu-se em sua autocondenação. A consequência pôde ser facilmente verificada em seu chacra cardíaco, que apresenta uma grande instabilidade funcional. Se não possuísse o merecimento conquistado nesta sua última passagem pela matéria, não nos seria permitido intervir de molde a corrigir essa deficiência no seu aparelho cardíaco, intervenção essa até bastante simples para nós. Dessa forma, em uma próxima encarnação, ela sofreria uma disfunção cardíaca com o objetivo do reajuste pela dor, em circunstâncias elaboradas especificamente pelos tutores da espiritualidade maior, de molde a educá-la a manter a necessária estabilidade emocional, cuja sustentação encontraria na fé direcionada pelo seu protetor. Como a lei é inflexível, é de se supor que tais eventos haverão de suceder, entretanto, sem a agravante dos problemas cardíacos a que me referi.

Após vários minutos de profunda meditação, Gustavo e Henrique entreolharam-se e questionaram:

- Então, com essa intervenção, ela não correrá perigo de apresentar um problema cardíaco em sua próxima encarnação? Isso é absolutamente certo?

- Absolutamente não! Dependerá de ela não só superar a questão psicológica da culpa que ela mesma cultivou, mas também de corrigir-se em alguns aspectos de seu posicionamento sentimental para com algumas pessoas e situações, além de sua propensão ao medo infundado. Aspectos esses cuja origem remonta de longa data em outras experiências precedentes.

Todos se mantiveram em silêncio por vários minutos, e André passou a admirá-los ainda mais, especialmente pela facilidade com que assimilaram tamanho número de informações com tanta propriedade.

O silêncio foi interrompido por um auxiliar, que anunciou que os preparativos para a intervenção em Liandra já estavam concluídos.

André os convidou para assistirem à intervenção e, diante da anuência destes, passou-lhes uma série de orientações de como deveriam proceder e do que ocorreria durante o processo, acrescentando:

– Tais intervenções devem ser realizadas o mais proximamente possível do desencarne, pois os "centros de força" ou "chacras" ainda estão bastante materializados; ainda não houve tempo para a depuração dos fluidos vitais, portanto, assemelham-se tanto em características morfológicas quanto em funcionalidade de quando o encarnado estava com seu veículo físico funcional, o que é essencial para se obter os resultados almejados. Com o passar das horas e dos dias, esses fluidos naturalmente se dispersam, e os centros de força tomam uma função diferenciada de quando o ser está encarnado.

Concluídas com sucesso as intervenções realizadas em Liandra, e restabelecido o equilíbrio do seu corpo perispiritual, Gustavo e Henrique permaneceram com ela, aguardando que despertasse, o que, segundo André, não tardaria a acontecer. Ela nada saberia do ocorrido, pois permaneceria o tempo todo em profundo sono e totalmente alienada ao que se passava.

Uma enfermeira foi designada para permanecer com ela até que despertasse. Gustavo e Henrique foram orientados a não denunciarem sua presença, deveriam permanecer em absoluto silêncio, preferencialmente em prece, até que fosse constatada a estabilidade emocional necessária ao encontro.

Como a situação não comportava a satisfação das formalidades sociais, pois Liandra já dava sinais de despertamento, assim que a enfermeira entrou no quarto, percebeu nos dois jovens senhores, que lhe provocaram funda impressão, uma cisma que não sabia explicar. Acreditava que eles a lembravam de alguém, mas como nunca havia conhecido gêmeos tão semelhantes, silenciou e posicionou-se ao lado da desencarnada.

Mentalmente, ela foi orientada por André a provocar, também pelo pensamento, o despertar de Liandra. A enfermeira anuiu silenciosamente e os três ali permaneceram aguardando.

O que eles não sabiam era que a enfermeira que, com sincero interesse e carinho, acercara-se de cuidados com Liandra, era Suzanne, mãe de Gustavo na Terra.

Como ele não mais convivera com ela desde os cinco anos de idade, e se conformara com a informação recebida ao chegar ao plano espiritual, de que aquele não era o momento adequado para o reencontro, e que deveria se conformar com a Vontade de Deus e aguardar o momento oportuno, ele assim o fez. Apenas se ocupava da lembrança de Suzanne nos momentos de repouso e prece.

Firmemente concentrado em prece por Liandra, não prestou atenção na figura da enfermeira, percebendo apenas que alguém uniformizado entrara no quarto.

Suzanne, por sua vez, também não teve permissão de rever o filho desde seu desencarne, e, apesar de ter dificuldades em aceitar isso no princípio, jamais se rebelou. Com o tempo, soube conformar-se com a Vontade Divina; portanto, não fazia ideia de qual aparência teria seu filho, que supunha ser adulto havia muito e julgava ainda encarnado. Também não foi informada por André de nenhum detalhe, por este desconhecer completamente a ligação íntima existente entre todos.

Gustavo e Henrique instintivamente se posicionaram à cabeceira de Liandra, do mesmo modo que faziam quando crianças, ao receber o apelido carinhoso de "ratinhos brancos".

Pouco tempo se passou e Liandra despertou naturalmente, ainda um pouco enfraquecida e algo aturdida. A primeira pessoa que viu foi Suzanne, que afagava carinhosamente sua fronte.

Suzanne sorriu gentilmente e cumprimentou-a:

– Bem-vinda, irmã! Que a paz de nosso Mestre Jesus seja contigo.

Liandra esboçou um sorriso e ameaçou erguer-se, gesto detido com gentileza por Suzanne.

– Não, minha querida, você ainda precisa se fortalecer. Mantenha a calma e relaxe o mais que puder, eu estou aqui para cuidar de você e atendê-la em tudo o que possa ser necessário e possível.

Liandra identificou em Suzanne, pelas vestes que trajava, uma enfermeira, apesar de nunca ter visto um traje daquele tipo antes.

Suzanne conversou rapidamente com Liandra e, uma vez tendo ciência de que ela não sabia de seu estado atual, deu-lhe as primeiras elucidações a respeito de onde estava e de seu estado geral.

Então, Liandra lamentou-se, chorou por sua condição, por ter partido, apesar de se sentir ainda tão viva e em um ambiente tão terrestre! Perguntou pelos seus, e

Suzanne disse que não sabia informar nada, não tinha notícias, mas que em tempo hábil, no momento certo, Liandra seria informada. A enfermeira pediu-lhe que buscasse equilíbrio emocional e, tomando sua mão, convidou-a a acompanhá-la em uma breve prece.

Apesar de elas terem travado alguns minutos de conversação, até então não haviam se identificado. Na cerimônia de sepultamento de Petrus, quando julgaram-no morto, ambas trajavam densos véus negros, em conformidade com os costumes da época, por essa razão não se reconheceram e, até então, não haviam conduzido o diálogo ao campo das apresentações. Portanto, ninguém ainda se dera conta das circunstâncias.

Após a prece, Liandra sentiu-se novamente equilibrada e menos fatigada, e seus dois filhos, em silêncio, a tudo assistiam. Com suas preces, colaboraram para a restituição do equilíbrio emocional de Liandra.

Nesse momento, previamente alertado mentalmente por Suzanne, André entrou no recinto e se dirigiu a Liandra, sem desviar seu olhar para os irmãos Viert que, passivamente, mas com o coração quase a saltar do peito, a tudo assistiam com os olhos fixos e toda a atenção em Liandra:

– Irmã Liandra, sou o doutor André Lizard! – Afagando-lhe a fronte e exibindo um sorriso realmente confortador, continuou: – Como se sente?

Ao ouvir o nome Liandra, Suzanne sentiu-se perturbada, mas considerou que talvez fosse apenas uma coincidência. Apesar de transtornada, continuou impassível em seu posto.

– Até agora há pouco, sentia-me muito abatida, mas, graças a Deus, sinto-me repentinamente fortalecida, e as vertigens que me perturbaram quando acordei já não me incomodam mais.

Após rápido exame das condições de Liandra, o médico lhe perguntou sorrindo e amavelmente:

– Sei que deseja muito ver os que lhe antecederam no retorno à vida espiritual. Sente-se suficientemente fortalecida?

– Oh! Doutor! E como desejo! Sim, claro! Já não me indisponho fisicamente, sinto-me perfeitamente senhora de mim mesma!

Sua resposta foi carregada de profunda emoção, brotando-lhe aos olhos dois fios de lágrimas, que correram lentamente por seu rosto. Ante sua reação emotiva, André assumiu uma fisionomia mais séria e informou-a de que ela teria de estar mais equilibrada, pois poderia ter sua recuperação prejudicada por emoções descontroladas. O equilíbrio emocional era indispensável.

Liandra, então, sem que ninguém a instruísse nesse sentido, proferiu uma prece a Nossa Senhora, mãe de Jesus na Terra, de quem sempre fora devota fervorosa e a quem sempre recorrera nos momentos mais críticos de sua vida.

Todos a acompanharam, não sem se envolver em profunda emoção. Suas rogativas não foram em vão. Tão logo ela as iniciou, uma luz de beleza indescritível encheu todo o ambiente daquele pequeno quarto, e sobre todos os presentes derramaram-se, do Alto, pétalas que, em contato com todos, diluíam-se e entravam em cada um, propiciando, além de profunda paz, um brilho característico que clareava ainda mais o ambiente.

Agora, visivelmente modificada e intimamente transformada, Liandra dirigiu sua palavra serenamente a André:

- Sim, doutor, sinto-me pronta! Nossa Senhora vai me amparar e me sustentar!

André, jubiloso com o que presenciou e sentindo que ela realmente estava apta àquele encontro, dirigiu seu olhar, acrescido de um sorriso de felicidade, para os dois irmãos. Eles estavam profundamente tocados pelo desenrolar dos fatos; haviam permanecido absolutamente passivos e totalmente concentrados em Liandra, e sentiram grande alegria, pois sabiam que o véu que os separava de sua mãezinha iria se romper.

André, então, com profunda ternura, olhou para Liandra e sentenciou:

- Seus filhos estão aqui! Neste quarto, aguardando serenamente a oportunidade de abraçá-la! Coração de mãe é coração de mãe!

Ao ouvir essas palavras de André, Liandra não os visualizou adultos, mas sim como infantes, como no dia em que os viu juntos pela primeira vez. Então, os dois, tomados pela emoção, tão profundamente ligados à mente dela pelos sentimentos, deixaram-se envolver e permitiram isso com inefável docilidade e candura.

Imediatamente, transfiguraram-se, assumindo o aspecto infantil. Desta vez, os dois apareciam como quando eram crianças. Suzanne, então, viu surgir à sua frente seu filho Gustavo, exatamente como o vira no dia em que desencarnara.

Os dois pequenos, celeremente se acercaram novamente da mãezinha Liandra, um de cada lado. Henrique do lado oposto de Suzanne e Gustavo do mesmo lado em que a enfermeira estava.

Paralisada pelo espanto, de olhos arregalados, Suzanne não conteve as emoções e começou a chorar.

Evidentemente, André, que nada sabia, com a capacidade mental que possuía, sentiu os pensamentos e sentimentos de Suzanne e testemunhou suas emoções, declarando:

- Bendito seja Teu Nome por toda a eternidade, Senhor! - E colocou-se em sentida prece de gratidão pelo reencontro de todos.

Os dois irmãos não economizaram gestos de carinho e demonstrações de afeto para com Liandra, e, quase simultaneamente, Gustavo sentiu-se envolvido por fortes emoções, que rapidamente pudera definir a procedência, Suzanne sua mãe na Terra.

Ao voltar seus olhos para ela, voltou-lhe à lembrança da figura da mãe, sua genitora. Dividido entre as duas, num gesto tão simples e típico de uma criança, graças à inocência e sinceridade de seus sentimentos, segurando a destra de Liandra com a mão esquerda, estendeu a destra à Suzanne e tomou-lhe a mão entre seus dedos, puxando-a para si e abraçando-a, desfazendo-se em lágrimas de gratidão e felicidade.

Elevou, então, seus olhos para o Alto e agradeceu em alto e bom tom ao Pai Eterno pela oportunidade única de estar ali com suas duas mães.

Henrique, espantado com o ocorrido, sentindo nitidamente em seu íntimo tudo o que se passava com Gustavo, uniu-se em pensamento à prece do irmão.

Liandra, comovida com a presença dos dois pequenos, ao ouvir a prece de Gustavo, sentiu-se constrangida, devido ao seu ressentimento velado para com Suzanne, e todos os sentimentos amargos que possuía até então se dissiparam.

Todos derramaram lágrimas abençoadas por longos minutos, abraçando-se como podiam e sentindo-se profundamente enlevados. Não tardou para que André se manifestasse rogando a todos para que buscassem o equilíbrio emocional necessário.

Nesse momento, Liandra, soltando a mão do pequeno Gustavo, estendeu-a em direção a Suzanne, e esta lhe respondeu o gesto, tomando a mão entre as suas.

– Suzanne, perdoe-me por ter sido tão injusta com você, cultivando secretamente rancor por você em meu coração por todos esses anos – disse Liandra. E, dirigindo o olhar ao então pequeno Gustavo, continuou: – nada, além de minha mais profunda e sincera gratidão, devo a você por ter me coroado com um tesouro tão sublime e precioso, como foi seu filho em minha vida.

- Eu é que tenho muito a lhe agradecer e nada a perdoar. Recebeu em seu coração meu maior tesouro e dele se acercou com desvelo e amor. Quanto ao perdão que me pede, na verdade, eu é que lhe imploro, pois meu egoísmo, minha irresponsabilidade e vaidade é que a fizeram sofrer. Imagino quanta dor lhe causei ao macular seu casamento.

- Nada, minha querida, nada há a perdoar. Somos abençoadas, pois temos em nossa vida dois tesouros que Deus nos enviou.

Abraçaram-se. Aquele quarto, que já estava iluminado pelas bênçãos do Alto, encheu-se ainda mais de luz: chovia sobre todos ali o maná divino, que sustenta os justos e os que sabem amar, e os enviados do Senhor a todos abençoaram. Ouvia-se um canto de agradecimento e glória ao Pai.

Em louvor à misericórdia que, por meio de seus tortuosos e misteriosos caminhos, uniu aquelas pessoas pelo amor.

Provas

Thomas e Melissa, enfraquecidos em razão do combate à gripe que lhes fustigara o corpo, contraíram uma severa pneumonia.

Duas longas semanas de sofrimento se passaram, período este que provocara profunda angústia em Petrus, que assistia impotente à partida das pessoas que ele mais amava, uma a uma.

Melissa foi a primeira a ser vencida pela pneumonia, desencarnara no primeiro dia de primavera do ano de 1947. Thomas, apesar de triste, sendo espírita, aceitara o desencarne de sua esposa e ainda tentava, a todo custo, consolar Petrus, pois percebia no irmão a profunda dor que não mais fazia a não ser crescer.

Melissa foi socorrida com o concurso dos irmãos Viert e, conduzida ao hospital da Colônia Champs-Elysées, recebeu os cuidados de Suzanne e de Liandra, cuja rápida recuperação facilitou seu ingresso no corpo de enfermagem daquela instituição do espaço algum tempo depois.

Espantou-se ao despertar, sendo acariciada na fronte por Liandra, que a fitava docemente. Apesar de ser católica fervorosa, a presença de Liandra deu-lhe o necessário equilíbrio emocional para ouvir atentamente as elucidações referentes ao seu estado de desencarnada e, consequentemente, recuperar-se rapidamente.

Cinco dias após o desencarne de Melissa, Thomas não resistiu aos danos causados pela pneumonia e desencarnou também, fato que levou Petrus a um estado de profundo amargor e desencanto.

Diferentemente do que se suporia em tal situação, Petrus não se revoltou contra Deus e seus misteriosos desígnios, mas sentiu-se profundamente frustrado por não compreender e não conseguir aceitar assistir a seus amados partirem um a um. A lei, inflexível em sua justiça, ensinava a Petrus o valor das pessoas a quem amamos, e lhe apresentava o preço por sua propositada ausência e indiferença pelos que muito o amavam na sua precedente existência.

Thomas também foi socorrido em seu desencarne pelos irmãos Viert e, uma vez no hospital, despertou ao lado de sua esposa, que ainda se recuperava, amparada por todos os demais da família que o precederam.

Feliz com o reencontro, passados poucos minutos de sofrida confabulação, devido ao desgaste de energias de que se ressentia, Thomas lembrou-se de seu irmão, Petrus, e pediu notícias. Seu pedido foi atendido, porém de forma superficial, para poupá-lo de preocupações que apenas dificultariam sua recuperação.

Thomas, percebendo a mal disfarçada preocupação de todos, mostrando o verdadeiro cristão que era, conclamou-os para uma prece em favor do irmão que permanecera na Terra.

Assim que iniciaram a prece, Petrus, que naquele momento divisava o horizonte no pôr do sol, em que tudo lhe parecia tão cinza e sem vida, repentinamente se sentiu invadido por reconfortante calor.

A imagem de todos os entes queridos passou por sua mente, um a um, e, em seguida, viu-os todos juntos. Entregou-se às lágrimas que lhe ardiam nos olhos e queimavam em sua face. Ergueu os olhos ao céu e orou ao Pai, implorando pelo Seu perdão por suas faltas.

O tempo passava célere, e Petrus acolheu no solar seu amigo e ex-intendente Heriot e sua família, aos quais dedicava extremado carinho, sendo este, para ele, um lenitivo nas suas dores inomináveis.

Entretanto, aproveitou pouco da presença destes, a quem ele aprendera a amar. Petrus dedicava seu tempo e sua fortuna aos necessitados, especialmente na manutenção da fundação hospitalar que ele auxiliara os filhos a criar. Fazia isso mais para dar um fim útil à sua fortuna do que propriamente por altruísmo. Surgindo a necessidade de expandir os serviços, por meio de modernos equipamentos hospitalares, Heriot partiu com sua família, sob o patrocínio de Petrus, para os Estados Unidos.

Seguiram até a Inglaterra por terra e mar, onde permaneceram alguns dias em visitação a familiares que Heriot não via desde a guerra, e de lá partiram em luxuoso barco para a América.

O que parecia ser um destino implacável para Petrus foi o cumprimento da Lei Maior em ação na vida de Heriot e sua família. O transatlântico se perdeu em furiosa tempestade em alto-mar, e jamais foi encontrado. Não houve sobreviventes. Comunicado do fato, Petrus sentiu-se desabar.

Seus familiares, agora no mundo espiritual, dele se acercavam constantemente, procurando intuir-lhe as forças necessárias para superar tão difícil drama em que se constituíra sua vida.

Entretanto, Petrus, em outras existências, granjeara muitos inimigos, sendo que alguns desses ainda estavam no plano espiritual a assediá-lo incansavelmente.

Apesar de sua modificação interior, conquistando muitos amigos e a gratidão de milhares que dele se recordavam em suas preces, graças às suas ações beneméritas aos mais necessitados, ainda possuía muitos débitos passados registrados em seu inconsciente, e a lei não privilegia ninguém, mas também não abandona os que buscam sinceramente se harmonizar com ela.

De um lado, seus méritos atuais impediam que os perseguidores alcançassem êxito, até então, em seus planos vingativos e, inclusive, muitos deles se renderam à transformação do médico, em quem sentiam sinceridade nos atos e sentimentos.

Vencidos em seu ódio pela exemplificação no amor ao próximo e transformação íntima da parte de Petrus, abandonaram seus intentos e seguiram o curso de suas próprias provas. Mas, por outro lado, a fraqueza espiritual dele, notadamente no tocante à incompreensão e não aceitação dos desígnios divinos - não que se mostrasse revoltado e blasfemo, mas apenas não conseguia se tranquilizar, questionando o tempo todo - expunha-o à indução de pensamentos danosos, provindos de seus algozes mais tenazes. Constantemente, tinha pensamentos infiltrados que acreditava serem seus, como: "Sou culpado! Jamais me aproximei de Deus, ignorei Jesus e agora pago pelos meus erros. Sou um infiel infame e criminoso aos olhos de Deus, por essa razão, estou sendo castigado! Quanta dor causei a Suzanne! Quanto sofrimento leguei a minha amada Liandra! Um criminoso, é isso! Sou um criminoso, por esse motivo estou condenado à solidão eterna! Deus me abandonou e estou condenado a sofrer eternamente".

Mas, apesar de todos os meus esforços em modificar-lhe os pensamentos, em direcioná-lo à prece que o libertaria de muitas das dores que ele mesmo se infligia, Petrus, em momento algum, deu mostras de rogar perdão. Mantinha-se rigidamente na condição de réu, juiz, jurado e executor, não se permitindo nenhuma atenuante.

Entregou-se à bebida, ao absinto e às drogas alucinógenas, e em pouco tempo desencarnou em condições lamentáveis.

Gustavo e Henrique dele se acercaram no transe final, acompanhados por Liandra e Suzanne. Conseguiram permissão dos superiores para facilitar e proteger o desenlace e, ao recobrar a consciência, já liberto dos laços que o prendiam à matéria, Petrus, distinguindo as duas mulheres, com a consciência carregada pela culpa, acreditando que elas ali estavam para castigá-lo pelo sofrimento que lhes havia imposto, entrou em pânico:

- Não, por favor, não! Não me castiguem mais! Eu errei, sei que errei, não suporto mais! Não suporto mais! Deixem-me em paz, o inferno é para mim...

E saiu em disparada, sem que ninguém pudesse fazer algo.

Petrus sentiu-se cair após alguns minutos de desabalada corrida, e mergulhou profundamente nas trevas, vindo a despencar com um forte baque em um solo lodoso e fétido.

Tinha dores indescritíveis pelo corpo, nauseava-se constantemente, expelindo em golfadas ruidosas um líquido viscoso verde-escuro e malcheiroso.

Sentia-se constantemente perseguido e, eventualmente, era acossado por seus perseguidores, antes invisíveis e inescrutáveis. Agora, além de vê-los, sentia-os agredindo implacavelmente, escarnecendo dele, castigando-o com golpes e chutes. Quando se cansavam, deixavam-no caído, contorcendo-se com dores terríveis e, às vezes, ele expelia dolorosamente aqueles fluidos que acumulara na sua autodestruição com as drogas e bebidas.

Dois anos se passaram sem que seus familiares pudessem fazer qualquer coisa para demovê-lo daquele estado. Era preciso aguardar que despertasse nele o arrependimento e a submissão à vontade do Pai Maior, que se entregasse à compreensão da justiça divina.

A esta altura, já sabia de todos os pormenores de suas faltas passadas, que levaram seus algozes à implacável perseguição a que era submetido. Sempre que um de seus familiares dele se aproximava, ele fugia desesperadamente, mais por vergonha e por julgar-se indigno do que por medo de represálias.

Liandra e Suzanne não mais se aproximaram dele depois de sua reação nos primeiros momentos de desencarne. Seus filhos, vez por outra, tentavam a aproximação, mas sem êxito.

Todos se dedicaram, então, a procurar levar seus algozes ao esclarecimento, e granjearam sucesso com a maioria deles, mas três permaneciam resistentes a qualquer apelo que se lhes fizessem, e não havia recursos disponíveis para tocá-los fundo em seu coração.

Gustavo e Henrique procuraram Gautier, o coordenador da colônia e, desejando encontrar um meio mais eficaz de trazer o pai à normalidade, livrando-o do sofrimento a que se impunha por culpa, da qual não demonstrava sinais de alívio, Henrique tomou a palavra e questionou:

- Senhor Gautier, nós agradecemos por nos receber. Sabemos que muitas são suas responsabilidades, mas já não temos mais ideias para libertar nosso pai das tristes condições em que se encontra.

- Todos os recursos conhecidos por irmãos socorristas se esgotaram - continuou Gustavo -, são poucos os algozes que se acercam de nosso pai, e toda a intoxicação que ele acumulara em seu processo autodestrutivo, nos seus últimos dias na Terra, já foi expelida. Mesmo assim, ele se recusa a ouvir qualquer um que dele se aproxime.

Gautier, espírito há mais de duzentos e trinta anos à frente da Colônia Champs-Elysées, cuja presença lá se dava unicamente por seu amor à humanidade, pois era sabido por todos que, por muitas vezes, fora convidado a ascender a esferas superiores e recusara, meditou por alguns segundos, observando os irmãos Viert. E, com indescritível e envolvente paz, falou:

- Sugiro-lhes que se façam invisíveis aos olhos de todos os que vagueiam pelo Vale dos Suicidas e permaneçam ao lado de seu pai investigando seus pensamentos. No momento certo, sei que a oportunidade que tanto anseiam vai surgir e, ainda, acredito que...

Fez uma pausa reticente, que pareceu aos dois uma eternidade. Não se contendo, Henrique interpôs:

- Que...?

Gautier abriu amplo sorriso e arrematou:

- Que a mais simples das soluções será necessária nesse caso. Sejam, meus queridos irmãos, inocentes!

Dito isso, Gautier, observando as muitas interrogações que surgiam na mente dos dois irmãos, rapidamente continuou, de forma a não lhes permitir formular novas questões:

– Considerando o excelente trabalho que os senhores vêm realizando em nossa colônia, no tocante ao auxílio e amparo aos irmãos vitimados na guerra, será mais do que justa uma pausa. Procurem o senhor Renan, pois já lhe dei a minha recomendação para que sejam dispensados por período indefinido de suas obrigações e, dessa forma, possam se dedicar integralmente ao seu pai. Não nos esqueçamos de que o Mestre nos trouxe muitas lições, entre elas a de que devemos amar ao próximo como a nós mesmos, e que Ele não veio contrariar a lei, e sim fazê-la se cumprir, e é nosso dever "honrar pai e mãe"! Vão, meus queridos irmãos, o tempo urge, e confio que vocês saberão, com o concurso do Mais Alto, levar essa situação a bom termo!

Os irmãos Viert compreenderam que ali não cabia mais nenhuma interpelação. Ambos abraçaram Gautier carinhosamente, cheios de sincera gratidão, e seguiram à procura de Renan.

Uma vez equacionadas as questões que os prendiam à colônia, partiram, sem prazo de retorno, em busca da companhia do pai.

Fim

Chegando à região do umbral em que Petrus estava, os irmãos cuidaram para que não fossem percebidos. Mantendo um tônus vibracional elevado, encontraram o pai acocorado, à beira de um charco, tremendo de frio e de dor.

Imediatamente, confabularam mentalmente para que não houvesse a menor possibilidade de serem notados, e decidiram não interferir naquele momento, apenas não estavam dispostos a permitir que os algozes do pai se aproximassem novamente.

Passaram, então, a se revezar na tarefa de expandir seus sentidos em um amplo círculo ao redor do pai, para que, se alguém ou alguma coisa dele se aproximasse, pudessem evitar a ocorrência.

Enquanto isso, o outro ficava "ouvindo" os pensamentos do pai, buscando a tal oportunidade que Gautier lhes afirmara que surgiria.

Um detalhe, no entanto, ocupava-lhes a mente: o enigma com que Gautier lhes sugerira a solução: "Sejam, meus queridos irmãos, inocentes!". Essas palavras ecoavam insistentemente na mente deles, e quanto mais lhes buscavam o sentido, mais misteriosas lhes pareciam.

Durante todo o tempo, eles induziram o pai mentalmente, no sentido de suprir da melhor maneira que podiam suas necessidades mais básicas.

Primeiro, conseguiram fazer com que ele deixasse aquele local e, no que para Petrus parecia ser uma caminhada a esmo, conduziram-no até uma pequena fonte de água, oculta entre arbustos secos e próximos de uma pequena encosta rochosa.

Depois, naquele mesmo local, com o auxílio de Heriot, que por eles foi chamado mentalmente, "transplantaram" para o local algumas ervas comestíveis da região que, apesar de amargas, renderam a Petrus a reposição de energias de que tanto necessitava, pois seu estado físico era lamentável. Aparentava pouco mais que um esqueleto vivo coberto por fina pele.

Assim que ele se alimentou, com grande dificuldade, os dois agradeceram a presença de Heriot e pediram-lhe que os deixassem a sós com o pai, não sem antes prometer que, se necessitassem, não hesitariam em chamá-lo novamente.

Os dias foram passando, e os dois irmãos desvelavam-se em cuidados com o pai, induzindo-o, muitas vezes, ao sono. Eventualmente, não conseguiam impedir que ele fosse localizado pelos perseguidores, então tinham de assistir passivamente à ação brutal destes, sempre orando com o maior ardor que podiam, mas tendo de controlar suas emanações, caso contrário atrairiam a atenção de muitos, o que seria motivo de dores ainda mais torturantes para o pai.

Imprescindível era manter o equilíbrio de suas ações com a lei em ação. Entretanto, sabiam que o momento de libertação de Petrus estava chegando, caso contrário não teriam a permissão e orientação para estar lá e proceder a tais interferências.

Transcorrido um mês sem que arredassem pé, um momento sequer, após o despertar de Petrus de um sono induzido por eles, algo nos pensamentos do pai lhes chamou a atenção.

Ele se lamentava pelas decisões erradas que tomara no passado. Continuava a se sentir indigno do perdão de todos os que fizera sofrer, e, mais ainda, do perdão divino.

O pensamento libertador, do perdão de si mesmo, era por ele sistematicamente repudiado, a cada vez que os irmãos buscavam induzi-lo a tal atitude. Culpava-se e punia-se. Estes, por sua vez, sabiam que, se algum deles se aproximasse, Petrus, envergonhado, sairia em desabalada carreira.

Os irmãos o achavam rigoroso demais consigo mesmo. Contudo, ser rigoroso em excesso era uma das faltas que Petrus cometera sempre e, agora, sem se dar conta disso, vitimava-se com o mesmo erro.

Entretanto, tanto sofrimento, por tanto tempo, surtira algum efeito na mente dele, que um pouco revigorado e talvez acostumado com a sorte que definira para si, já não sentia tanto medo de seus perseguidores, dando-lhes até razão para que dele sentissem tanto ódio. Isso demonstrava que Petrus estava parando de sofrer e começava a apresentar sinais de que retomava a razão.

Mesmo que por curtos períodos, punha-se a meditar. Contudo, qualquer ruído, qualquer movimentação por ele percebida, novamente o induzia ao pavor e à tentativa desesperada de ocultar-se.

Ante a visível melhora do pai, os irmãos se esmeraram em ocultá-lo dos habitantes daquele lugar e, pouco a pouco, conduziam-no às partes mais altas daquele vale de sombras e dor.

Quando, finalmente, Petrus chegou a uma área um pouco mais alta e menos trevosa, onde as coisas tinham aspecto mais acinzentado que negro, conseguiram induzi-lo à reflexão por períodos cada vez maiores. Constataram que seus algozes não conseguiam ascender àquelas paragens menos perturbadoras.

Mais tarde, os irmãos descobriram que Renan, acompanhando "a distância" os eventos, solicitara a dois guardiões que dessem cobertura defensiva a eles.

Posicionaram-se estrategicamente e se mantiveram ocultos, próximos ao único ponto de acesso visível pelo Vale dos Suicidas, no local mais elevado em que Petrus fora induzido a se dirigir. Os irmãos Viert também não os enxergavam. Todas as vezes que alguém do Vale dos Suicidas se aproximava, eles expunham suas armas, demovendo qualquer um de seu intento.

– Foi só para garantir – Renan afirmara sorridente aos irmãos Viert, mais tarde.

Petrus, percebendo a presença ao longe de seus perseguidores, em primeira instância sentia-se em pânico, mas não demorou a entender que eles não conseguiam avançar. Eles o chamavam, dirigindo-lhe insultos de toda a monta, declarando-o covarde e incapaz de afrontá-los e, em seus esbravejos, gritavam que não adiantava nada que "aqueles dois" o estivessem protegendo e que, cedo ou tarde, conseguiriam passar e pegá-lo.

Os irmãos Viert pensaram erroneamente que, em algum momento, permitiram-se ser vistos pelos perseguidores. Mas, na verdade, era dos guardiões que os algozes falavam.

Petrus, mesmo sem entender que "dois" eram esses que impediam o avanço de seus perseguidores, chorou de alívio. Sentia-se relativamente seguro pela primeira vez, num tempo do qual não possuía a menor noção, mas parecia-lhe uma eternidade.

Desta vez, sem que seus filhos o induzissem, entrou em uma pequena gruta, da qual procurou ocultar a saída com um arbusto ressequido, e dormiu por longas horas.

Nesse meio tempo, os irmãos confabularam tentando definir os próximos passos. Decidiram que não se arriscariam a aparecer ao pai, nem pedir a quem quer que fosse que o fizesse, pois temiam que ele fugisse e, o pior, fugisse em direção às trevas do Vale dos Suicidas, de onde ainda estavam muito próximos.

Também concluíram que seria melhor não induzi-lo a outras paragens, pois, além de não conhecerem o território ao redor, temiam que ele fosse magneticamente induzido a retornar ao vale, o que colocaria por terra toda a conquista que haviam tido.

Consideraram que a posição em que estavam era estratégica, por ser uma região limítrofe ao vale. Notaram que os habitantes daquelas novas paragens, menos profundas e obscuras, evitavam a aproximação daquela faixa fronteiriça, e que os que estavam no vale em busca de vingança contra Petrus, por mais que assim o desejassem, não conseguiam se aproximar dele.

Decidiram permanecer ali e providenciaram o suprimento das necessidades básicas de Petrus enquanto ele dormia. Ao acordar, não demorou para encontrar os minguados recursos de que necessitava.

Observou, também, que seus algozes, apesar de relativamente próximos, por um motivo que lhe fugia totalmente à compreensão, mas que o fazia se sentir grato, continuavam não conseguindo se aproximar.

Oculto na parca e seca vegetação local, notou que aquele lugar era evitado pelos estranhos e decadentes espíritos que vinham da direção oposta. Eles corriam desesperados em direção contrária quando percebiam ao longe o vale negro.

Induzido por seus filhos, decidiu que deveria permanecer ali.

Petrus sentia-se profundamente doente, chagas se abriram na sua pele e não cicatrizaram, causando-lhe muitas dores. Sentia-se fraco e desnutrido e podia ainda sentir na carne os efeitos das constantes surras que levara de seus algozes. Entretanto, pela primeira vez desde que ali aportara, tinha alguma segurança.

Começou a meditar a respeito de sua situação. Não modificara em nada seu sentimento de culpa e, por vezes, sentia-se atraído pelo vale, ao qual só não retornara graças à intervenção de seus filhos, que dele não se distanciavam nem descuidavam um segundo sequer.

Entregou-se novamente ao sono. Os irmãos Viert, percebendo que nada ameaçava a estabilidade, decidiram orar, pois se sentiam profundamente frustrados por não conseguir decifrar a charada de Gautier. Não conseguiam atinar como proceder dali por diante, sentiam-se estancados.

Uniram seus pensamentos e, em rogativa ao Alto, imploraram ao Pai por sua Misericórdia, declarando-se insuficientes e carentes de Seu auxílio redentor.

Do Alto, um feixe de luz de beleza sublime se projetou sobre os três, envolvendo-os por longos minutos.

Os irmãos puderam sentir uma presença que não conseguiram definir, mas que lhes trouxe profunda paz e confiança.

Tão logo encerrada a prece, a luz desapareceu e Petrus despertou com uma estranha sensação que não sabia definir. Postou-se de cócoras, apoiando as costas em uma rocha, e começou a chorar.

Dessa vez, seu choro não era de dor, de vergonha ou de medo. Chorava de saudade. Seus filhos se concentraram em sua mente e perceberam que Petrus se angustiava de saudade do tempo em que os dois eram pequenos infantes.

Sentia-se triste por não ter participado mais ativamente da infância de seus filhos e mergulhou em lembranças daquele tempo.

Finalmente, os dois entenderam a charada de Gautier: "Sejam, meus queridos irmãos, inocentes!".

Era isso! Inocentes! Como crianças!

Entreolhando-se, riram um ao outro, riam-se divertidamente, e Petrus ouviu os risos e supôs estar perdendo a razão, pois, ao seu lado, estavam os dois pequeninos.

- Meus ratinhos brancos! - exclamou Petrus às lágrimas. - Abençoada loucura!

O pai abraçou-os efusivamente, em prantos de alegria, já não querendo entender nada. Temia que a compreensão tirasse aquele momento de alívio às suas dores, e preferiu continuar se julgando destituído de lucidez!

- Meus queridos ratinhos, que saudade, meus filhos, podem perdoar seu pai? Podem me perdoar?

Os três permaneceram abraçados por alguns minutos, chorando de alegria, trocando carícias, afagos e beijos amorosos. Então, o pequeno Gustavo dirigiu-se ao pai:

- Paizinho querido, o que há para perdoar? Qual de nós não erra? Não há erros mais ou menos graves, papai. Erros são erros, e temos de arcar com as consequências! Papai, nós o amamos! Não se culpe mais!

- Mas como poderia não me culpar? - retrucou, afagando-lhe os cabelos. - Eu trouxe tanto sofrimento a tantos...

- O passado deve nos orientar para o futuro, papai - interveio o pequeno Henrique -, e não ser para nós âncora escravizante que nos impeça de seguirmos pelos mares da vida.

- E Deus? Como ser perdoado por Ele depois de transgredir tanto a Sua Lei de Amor?

- Deus jamais o condenou, papai - disse Gustavo, voltando para si o rosto de seu pai com um doce gesto de sua mão. - Ele jamais nos condena. Nós é que, quando transgredimos Suas Leis, punimo-nos por meio de nossa consciência e, na maioria das vezes, papai, com muito mais rigor do que deveríamos.

Olhando o pai nos olhos com um doce e envolvente sorriso infantil, ele o convidou para uma prece:

- Oremos, papai, levemos a Deus, nosso Criador, nossos sentimentos de gratidão, rogando-lhe as bênçãos de Sua Misericórdia.

– Não sei se devo, meu filho, não me sinto digno de me dirigir a Ele e, além disso...

Ante a pausa de seu pai, Henrique o questionou:

– Além disso, o quê, papai? Diga...

– Receio que isso seja um doce sonho e que, ao terminar a prece, eu acorde novamente só!

Os dois o abraçaram cheios de carinho, e Gustavo afirmou:

– Não se preocupe, papai, prometemos-lhe que daqui nós não sairemos. O senhor não está sonhando e tudo isso é real, foi a Divina Misericórdia que nos abençoou com este reencontro.

Aliviado, Petrus olhou para seus filhos e pediu:

– Meus queridos ratinhos brancos! Ensinem-me a orar, vocês sabem que o papai nunca deu a importância devida e necessária às coisas de Deus, e não estou certo de que conseguirei orar.

Assim, os três proferiram uma prece de profunda gratidão ao Pai Maior. Petrus, derramando balsâmicas lágrimas redentoras, acompanhou-os como pôde, profundamente impressionado com a presença dos pequenos.

Tal o efeito daquela prece, que ele se sentiu revigorado e sua aparência apresentou notável transfiguração. Não era mais aquele homem esquelético, sua aparência estava mais robusta e próxima do que era anteriormente.

Feliz e aliviado, Petrus então os questionou:

– E agora, meus pequeninos ratinhos brancos de Deus, o que faremos?

Os dois entreolharam-se daquela forma tão característica e responderam em uníssono:

– Vamos seguir em direção ao nosso caminho, papai; o caminho que Deus traçou para a nossa felicidade.

– Guiem-me, meus amados filhos, mostrem-me os caminhos que eu os trilharei com toda a alegria de meu ser!

Assim, os pequenos Gustavo e Henrique tomaram a mão de Petrus e seguiram volitando suavemente em direção à colônia, em direção a novos caminhos que a vida deles requisitava; na busca da felicidade plena aos pés do Criador!

Fim

Leia os romances de Schellida!
Emoção e ensinamento em cada página!
Psicografia de Eliana Machado Coelho

Corações sem Destino – Amor ou ilusão? Rubens, Humberto e Lívia tiveram que descobrir a resposta por intermédio de resgates sofridos, mas felizes ao final.

O Brilho da Verdade – Samara viveu meio século no Umbral passando por experiências terríveis. Esgotada, consegue elevar o pensamento a Deus e ser recolhida por abnegados benfeitores, começando uma fase de novos aprendizados na espiritualidade. Depois de muito estudo, com planos de trabalho abençoado na caridade e em obras assistenciais, Samara acredita-se preparada para reencarnar.

Um Diário no Tempo – A ditadura militar não manchou apenas a História do Brasil. Ela interferiu no destino de corações apaixonados.

Despertar para a Vida – Um acidente acontece e Márcia, uma moça bonita, inteligente e decidida, passa a ser envolvida pelo espírito Jonas, um desafeto que inicia um processo de obsessão contra ela.

O Direito de Ser Feliz – Fernando e Regina apaixonam-se. Ele, de família rica, bem posicionada. Ela, de classe média, jovem sensível e espírita. Mas o destino começa a pregar suas peças...

Sem Regras para Amar – Gilda é uma mulher rica, casada com o empresário Adalberto. Arrogante, prepotente e orgulhosa, sempre consegue o que quer graças ao poder de sua posição social. Mas a vida dá muitas voltas.

Um Motivo para Viver – O drama de Raquel começa aos nove anos, quando então passou a sofrer os assédios de Ladislau, um homem sem escrúpulos, mas dissimulado e gozando de boa reputação na cidade.

O Retorno – Uma história de amor começa em 1888, na Inglaterra. Mas é no Brasil atual que esse sentimento puro irá se concretizar para a harmonização de todos aqueles que necessitam resgatar suas dívidas.

Força para Recomeçar – Sérgio e Débora se conhecem e nasce um grande amor entre eles. Mas encarnados e obsessores desaprovam essa união.

Lições que a Vida Oferece – Rafael é um jovem engenheiro e possui dois irmãos: Caio e Jorge. Filhos do milionário Paulo, dono de uma grande construtora, e de dona Augusta, os três sofrem de um mesmo mal: a indiferença e o descaso dos pais, apesar da riqueza e da vida abastada.

Ponte das Lembranças – Ricos, felizes e desfrutando de alta posição social, duas grandes amigas, Belinda e Maria Cândida, reencontram-se e revigoram a amizade que parecia perdida no tempo.

Mais Forte do que Nunca – A vida ensina uma família a ser mais tolerante com a diversidade.

Impressão e acabamento:

Orgrafic
Gráfica e Editora

tel.: 25226368